Daniel Forgues

L'intégration des TI dans la construction

Daniel Forgues

L'intégration des TI dans la construction

Les potentiels offerts par l'ingénierie simultanée et les technologies électroniques de réseau

Presses Académiques Francophones

Impressum / Mentions légales

Bibliografische Information der Deutschen Nationalbibliothek: Die Deutsche Nationalbibliothek verzeichnet diese Publikation in der Deutschen Nationalbibliografie; detaillierte bibliografische Daten sind im Internet über http://dnb.d-nb.de abrufbar.
Alle in diesem Buch genannten Marken und Produktnamen unterliegen warenzeichen-, marken- oder patentrechtlichem Schutz bzw. sind Warenzeichen oder eingetragene Warenzeichen der jeweiligen Inhaber. Die Wiedergabe von Marken, Produktnamen, Gebrauchsnamen, Handelsnamen, Warenbezeichnungen u.s.w. in diesem Werk berechtigt auch ohne besondere Kennzeichnung nicht zu der Annahme, dass solche Namen im Sinne der Warenzeichen- und Markenschutzgesetzgebung als frei zu betrachten wären und daher von jedermann benutzt werden dürften.

Information bibliographique publiée par la Deutsche Nationalbibliothek: La Deutsche Nationalbibliothek inscrit cette publication à la Deutsche Nationalbibliografie; des données bibliographiques détaillées sont disponibles sur internet à l'adresse http://dnb.d-nb.de.
Toutes marques et noms de produits mentionnés dans ce livre demeurent sous la protection des marques, des marques déposées et des brevets, et sont des marques ou des marques déposées de leurs détenteurs respectifs. L'utilisation des marques, noms de produits, noms communs, noms commerciaux, descriptions de produits, etc, même sans qu'ils soient mentionnés de façon particulière dans ce livre ne signifie en aucune façon que ces noms peuvent être utilisés sans restriction à l'égard de la législation pour la protection des marques et des marques déposées et pourraient donc être utilisés par quiconque.

Coverbild / Photo de couverture: www.ingimage.com

Verlag / Editeur:
Presses Académiques Francophones
ist ein Imprint der / est une marque déposée de
OmniScriptum GmbH & Co. KG
Heinrich-Böcking-Str. 6-8, 66121 Saarbrücken, Deutschland / Allemagne
Email: info@presses-academiques.com

Herstellung: siehe letzte Seite /
Impression: voir la dernière page
ISBN: 978-3-8416-2853-4

Copyright / Droit d'auteur © 2014 OmniScriptum GmbH & Co. KG
Alle Rechte vorbehalten. / Tous droits réservés. Saarbrücken 2014

UNIVERSITÉ DU QUÉBEC À MONTRÉAL

L'INTÉGRATION DES TI DANS LA CONSTRUCTION PAR
L'INGÉNIERIE SIMULTANÉE ET LES TECHNOLOGIES ÉLECTRONIQUES
DE RÉSEAU

MÉMOIRE

PRÉSENTÉ

COMME EXIGENCE PARTIELLE

À LA MAITRISE EN INFORMATIQUE DE GESTION

Par

Daniel Forgues

Avril 2002

AVANT-PROPOS

Je tiens à remercier Hélène Sicotte et Hafed Mihli pour leur support dans l'élaboration de ce mémoire ainsi que ma femme Anne et mes deux enfants Guillaume et Éva-Charlotte pour leur patience.

TABLE DES MATIÈRES

RÉSUMÉ

La révolution informatique, tout comme la révolution industrielle, bouleverse les façons de faire et transforme radicalement les fondements même de l'économie. Néanmoins, une industrie fait exception à la règle: la construction. Malgré des changements importants dans les technologies de la construction, le modèle d'affaires a peu évolué au cours des siècles sinon de façon incrémentale sans jamais connaître de bouleversements dans ses façons de faire. Cette industrie demeure, encore aujourd'hui au Québec, d'abord et avant tout artisanale.

Cependant, il y a des signes avant-coureurs d'une transformation globale de cette industrie. D'une part, ses traits distinctifs (produit unique, réseaux d'affaires holoniques[1]) qui faisaient obstacle à la compétition d'entreprises géographiquement éloignées ou à d'industries similaires s'estompent. D'autre part, on voit l'émergence d'une nouvelle génération de technologies électroniques de réseau (TER) adaptées à l'environnement d'affaires de la construction, et dont l'usage apportera des bénéfices importants dans la gestion de la chaîne d'approvisionnement des projets. Les conditions pour l'intégration des TI à la construction sont maintenant présentes.

Notre objectif de recherche est de concevoir une infrastructure TI pour la construction. Nous utiliserons comme modèle d'intégration l'ingénierie simultanée/*Concurrent Enterprising* (IS/CE) - approche du manufacturier pour la réalisation de produits uniques - et examinerons comment les fonctionnalités des TER qui s'y rattachent peuvent être transposées au domaine de la construction.

---

[1] Un groupe de compagnies qui collaborent sous une forme d'organisation virtuelle pour satisfaire les besoins du consommateur.

Pourquoi avoir choisi la construction comme domaine de recherche en informatique de gestion ?

L'intérêt de la maîtrise en informatique de gestion vient du souci de développer des aptitudes nécessaires pour être en mesure de réaliser la cohabitation des technologies de l'information et de l'environnement d'affaires. La problématique de l'intégration des technologies de l'information dans la construction adresse cet objectif :

- La construction est l'industrie la moins mature dans l'intégration des technologies de l'information;

- La construction est une industrie fragmentée pour laquelle les technologies de l'information adaptées à ce contexte d'affaires, les TER, sont en émergence;

- La problématique en est une d'intégration entre le modèle d'affaires et les technologies.

L'importance mondiale de cette industrie, la deuxième la plus importante au monde, et le marché potentiel qu'elle représente dans le développement des TER en font un domaine de choix pour les chercheurs et les vendeurs de solutions informatiques de réseau. Cependant, ces recherches et les produits développés pour cette industrie n'ont pas abouti jusqu'à présent à des solutions intégrées que l'industrie a jugé utile d'adopter.

Des chercheurs ont identifié la réussite de l'intégration organisationnelle et technologique comme le principal défi de la construction. De par la nature temporaire et fragmentée de ses réseaux d'affaires, il n'existe pas de leader dans l'industrie pour imposer une solution à ces problèmes d'intégration. Il faut donc envisager d'emprunter à des industries avec des caractéristiques similaires des modèles d'affaires et des infrastructures technologiques compatibles. Tels seront les prémisses de cette recherche.

L'ingénierie simultanée (IS) et son dérivé au niveau du modèle d'affaires, le « *Concurrent Enterprising* » (CE), est identifiée dans le manufacturier comme la méthode pour réussir l'agilité manufacturière : la capacité de développer et produire un produit différencié, de haute qualité, à un prix compétitif, dans un minimum de temps. C'est une contrainte partagée par l'industrie de la construction. Dans ce contexte, le portail électronique a

1

été identifié comme la seule TER potentielle utilisée pour le CE qui puisse être transposée à la construction.

Pour réaliser notre recherche, nous définirons d'abord une nouvelle structure de processus dans un cadre d'affaires révisé selon les principes de l'IS/CE. Nous identifierons ensuite une architecture de portail offrant les services recherchés en IS/CE pour desservir un marché électronique de la construction. Nous terminerons par la présentation d'un espace de travail permettant la co-location virtuelle des équipes de conception et de construction.

Les groupes de fonctionnalités clés des outils IS/CE de cet espace y seront décrits. Mais avant d'introduire le contexte de recherche est présenté un survol des chapitres et de leur contenu.

Le chapitre 1, « *contexte de recherche* », fait un énoncé de la situation de la technologie dans la construction. Il fait ressortir des paradoxes surprenants tels que ceux-ci : l'industrie de la construction est la deuxième plus importante dans le monde, pourtant c'est celle qui investit le moins dans les technologies de l'information; certains considèrent que l'usage des outils, techniques et technologies apportera des bénéfices de l'ordre de 30 à 40% dans la réduction des échéanciers et des coûts alors que les gens de cette industrie perçoivent les technologies non pas comme un bénéfice, mais comme un coût supplémentaire aux projets. Cependant, de nouvelles pressions du marché et les technologies électroniques de réseau émergentes imposent un changement. Partout, les clients demandent que les projets soient livrés plus vite, pour moins cher out en offrant une qualité supérieure. Dans ce domaine, c'est l'industrie qui affiche la pire performance

Le chapitre 2 aborde les objectifs de recherche. Il se concentre sur un des facteurs critiques de succès dans l'implantation d'une infrastructure TI dans le domaine de la construction, soit de disposer de la bonne technologie, de la bonne façon au bon moment. Il part du principe que la construction peut puiser à même les meilleures pratiques des industries de pointe et les adapter à ses propres fins. L'IS et son extension dans le modèle de réseau d'affaires virtuel qualifié de « *Concurrent Engineering* » représente un cadre éprouvé dans les industries de pointe pour la transposition de ces pratiques.

Les chapitres 3, 4 et 5 s'engagent dans la présentation des résultats de recherche. Le principal défi dans l'adoption des technologies est de faire cheminer une industrie immature dans ses pratiques et son usage des outils informatiques en se servant des TER comme bras de levier pour initier une révision globale des processus et du modèle d'affaires. Le chapitre 3 attaque d'abord l'épineuse question de la réingénierie des processus d'affaires dans un environnement fragmenté pour ensuite proposer un modèle d'affaires basé sur l'IS/CE qui modifie en profondeur les règles séculaires ayant régi la construction en offrant un nouveau modèle d'affaires homogène et transparent. Ce modèle est construit sur la notion d'entreprises holoniques (McHugh et al, 1995) oeuvrant dans un marché électronique accessible par un ou plusieurs portails.

Le chapitre 4 détaille la vision de ce à quoi pourrait ressembler un portail et le concept qui le sous-tend. Enfin, dans le chapitre 5 est décrit comment du concept général pour le portail proposé s'articulent l'architecture et les fonctionnalités IS/CE qui seraient offertes pour permettre à l'usager d'interagir dans ce réseau virtuel d'entreprises dont le travail serait synchronisé électroniquement à l'intérieur du marché électronique.

Le chapitre 6 conclue par un aperçu des nombreux horizons de recherche. L'intérêt de la présente recherche est de proposer une vision synthétisée de ce à quoi pourrait ressembler l'industrie dans dix ans. De cette vision se dégagent de nombreuses avenues et des points de convergence sur lesquelles pourraient s'orienter plusieurs projets de recherche actuellement en cours.

3

1.1 L'industrie

Nous abordons, dans le cadre de ce mémoire, des notions relativement nouvelles pour la construction comme la révision des processus ou la gestion électronique de réseau d'affaires. Nous avons jugé approprié de faire une mise en contexte : d'abord pour indiquer pourquoi les caractéristiques et les processus particuliers de la construction en font une industrie à part avec une faible maturité dans l'intégration des technologies de l'information; ensuite pour indiquer que des technologies émergentes, les TER, offrent des fonctionnalités mieux adaptées à un environnement holonique.

1.1.1 Ses caractéristiques

L'industrie de la construction possède des caractéristiques uniques pour ne pas dire paradoxales, qui rend fort difficile l'intégration des technologies de l'information. En effet, elle possède des structures d'organisations regroupées de façon temporaire en réseau pour la réalisation d'un produit unique d'une grande complexité et présente une dimension temporelle fragmentée du cycle de projet.

On peut avancer que l'industrie de la construction se situe quelque part entre le manufacturier et le service. Les processus de fabrication touchant les matériaux et les composantes entrant dans les assemblages du bâtiment s'apparentent au manufacturier, tandis que les processus de conception, de gestion et des enjeux organisationnels se rattachent aux industries de service. On y retrouve deux types de structures d'organisation (Allweyer et al, 1996) :

- les firmes œuvrant dans le domaine de la construction, de nature permanente, avec des structures d'organisation fonctionnelles;

- des structures d'organisations par projet de construction temporaires, impliquant certaines de ces firmes et devant composer avec leurs similarités et différences de structure et de façons de faire.

4

Le cycle de vie du projet de construction est fragmenté (Turz, 1997) du fait que l'intervention des firmes qui participent au projet se fait de façon ponctuelle et qu'elle va varier dans le temps.

De plus, ce cycle comporte une séparation très nette entre d'une part la planification et la conception et d'autre part la réalisation du projet. Ceci a comme conséquence que l'entreprise générale - qui possède la connaissance de réalisation du produit, le bâtiment – ne peut faire bénéficier de son expertise au propriétaire et ses professionnels pour les décisions importantes prises dans la planification et dans la conception; il n'est impliqué qu'après la finalisation des plans et devis, à l'octroi du contrat de construction (Pudicombe, 1997).

On pourrait avancer que, contrairement aux autres industries similaires, l'industrie de la construction de par les caractéristiques du produit à réaliser – le bâtiment – n'a [1] pu délaisser sa tradition artisanale de réalisation.

Le bâtiment se distingue des produits industriels sur plusieurs aspects:

- C'est un produit unique, c'est-à-dire qu'il a des particularités intrinsèques;
- Il est de nature complexe; c'est un assemblage sophistiqué de technologies et de produits variés agencés selon une géométrie définie par les besoins particuliers d'un client;
- Il est réalisé dans un environnement non contrôlé. Chaque site a ses caractéristiques, sa valeur foncière et sa réglementation propre. De plus, il subit des conditions climatiques imprévisibles selon son emplacement géographique et la saison.

C'est pourquoi il s'est développé au fil des siècles un cadre d'affaires de coopération entre différents spécialistes régionaux, construit sur une base temporaire de projet pour la réalisation du bâtiment (maçons, charpentiers et autres). Avec l'invention au 18ième siècle de la géométrie descriptive sont apparus les professionnels de la conception (Turz, 1999). Grâce à cette invention, il devenait non seulement possible de concevoir et de réaliser avec précision grâce à des plans, mais aussi de délaisser une tradition orale de transfert de la connaissance.

C'est ainsi que nous héritons aujourd'hui d'un modèle d'affaires avec des chaînes d'approvisionnement temporaires ou chaînes de valeurs (Porter et Miller, 1985) bâties par projet et organisées autour des fonctions principales de la conception et de la réalisation.

1.1.2 L'environnement d'affaires

On peut regrouper les multiples intervenants de la chaîne d'approvisionnement du projet de construction en cinq fonctions principales, décrites dans le Tableau 1(Leclaire, 1993).

Chacune des fonctions possède une spécificité sous forme de culture, de technologies et de modèle d'affaires qui lui est propre.

Tableau 1: les principales fonctions

Propriétaires	Professionnels	Constructeurs	Fournisseurs	Organismes normatifs
• Planification et gestion du portefeuille • Gestion immobilière • Planification et gestion des investissements	• Gestion de projet • Gestion de l'approvisionnement • Études d'opportunité et faisabilité • Préparation des esquisses et plans de construction • Surveillance des travaux • Financement • Aspects légaux : acquisition, contrats	• Réalisation de l'ouvrage, des réparations ou des réaménagements • Mise en service • Gestion de la garantie	• Matériaux • Produits • Location d'équipement • Services d'entretien • Assurances (cautionnement)	• Municipalités (zonage, permis de construction et d'occupation) • Environnement • Santé et sécurité au travail • Bureau des soumissions déposées • Décret de la construction

Comme nous l'avons mentionné plus haut, ces fonctions sont représentées par des entreprises spécialisées qui s'assemblent et se défont en fonction des exigences et de l'emplacement géographique de chaque projet.

La Figure 1 illustre à travers le cycle de vie du bâtiment les différents processus de la chaîne d'approvisionnement qui régissent la fréquence et le calendrier des interactions entre les différentes fonctions.

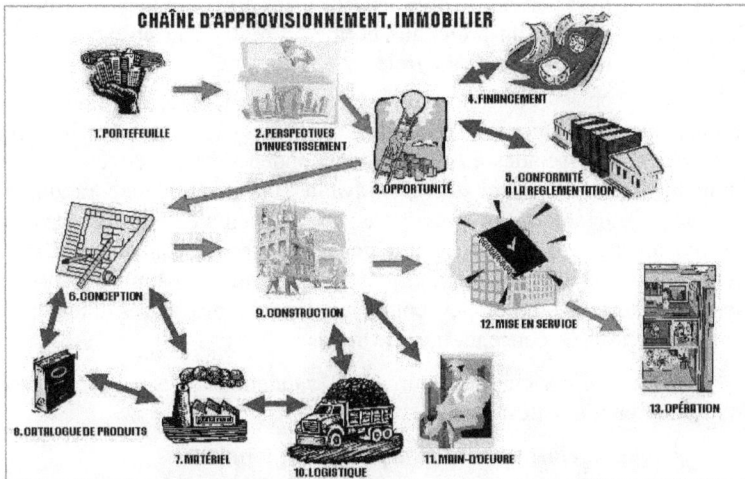

Figure 1 : La chaîne d'approvisionnement de l'immobilier

La chaîne d'approvisionnement décrit le cycle de vie du bâtiment. Il se découpe selon quatre phases principales :

- La définition ou faisabilité du projet;

- La conception;

- La réalisation;

- La mise en service et l'opération.

Dans la phase de définition du projet (opportunité, faisabilité), le propriétaire (A) à la gouvernance[2] des trois (1,2,3) premiers processus de la chaîne. Ces processus servent à décider de la valeur ajoutée d'accroître ou de faire des modifications à son parc immobilier par l'évaluation de l'opportunité ou de la faisabilité du nouveau projet.

---

[2] La gouvernance est le système d'autorité, de pouvoir et de relations respectives à l'intérieur du réseau d'affaires. Dans les industries non fragmentées, on aura un pouvoir asymétrique, c'est-à-dire qu'un large acheteur aura une grande influence sur l'ensemble de ses fournisseurs. Dans une industrie fragmentée comme la construction. Il n'y a pas de firmes avec un pouvoir persistant, on dira que la pouvoir de gouvernance est symétrique (Grilo, 1996).

Si le projet est porteur, le propriétaire ou ses professionnels s'assureront de la conformité de l'avant-projet aux normes et règlements en vigueur (5) et négocieront le financement (4) du projet.

Dans la phase de conception, la gouvernance (6, 7) revient aux professionnels du bâtiment (B). À cause des lois du Québec, ces professionnels sont scindés en trois groupes indépendants, souvent éloignés géographiquement, mais qui doivent travailler en étroite collaboration : les architectes, les ingénieurs en structure et les ingénieurs en électromécanique. À ce noyau de concepteurs se joignent de façon ponctuelle d'autres professionnels de l'aménagement ou des technologies du bâtiment. Aussi les professionnels nécessiteront des nombreux intrants des autres intervenants durant le processus de conception, entre autres :

- du propriétaire pour la validation des spécifications fonctionnelles;
- des organismes normatifs pour la conformité;
- des fournisseurs (D) pour la préparation des spécifications techniques[3], le choix des matériaux et de leur assemblage (7, 8).

Dans la phase de réalisation, la gouvernance du processus de (9, 10, 11) revient à l'entrepreneur général (C). Celui-ci est choisi suite à un processus de sélection complexe fortement encadré par des normes gouvernementales. L'entrepreneur construit et gère la chaîne d'approvisionnement du projet. Il regroupe les entrepreneurs spécialisés qui lui fourniront les meilleurs prix. Ces derniers rechercheront les fournisseurs qui offriront les produits conformes aux spécifications au meilleur prix. La phase de mise en service (12) et opération de l'immeuble (13) est sous la responsabilité du propriétaire (A). Une chaîne d'approvisionnement relativement similaire à celle pour la construction est mise en place.

Puisque les caractéristiques du bâtiment sont élaborées progressivement et qu'elles requièrent de nombreux changements et itérations entre les fonctions avant d'arriver au produit final, une masse importante de documents techniques (plans et spécifications) circulent entre les firmes durant la conception et la réalisation. Ces documents sont pour la plupart des projets

---

[3] Des milliers de produits et d'assemblages entrent dans la construction d'un bâtiment. Des catalogues contiennent la liste de ces produits et leurs caractéristiques. Cependant, le choix s'étend aujourd'hui à des millions de produits.

sous format papier et les véhicules de communication sont la messagerie et le télécopieur. Il s'imprime et s'échange en moyenne près de 40 000 documents pour un seul projet[4]. D'où l'intérêt de partager et mettre à jour cette information électroniquement par l'entremise de technologies électroniques de réseau ou TER.

1.2 Le potentiel des TER

Même si les TER ne font pas encore partie du quotidien de la construction, elles sont solidement implantées dans d'autres industries. Malgré ses caractéristiques particulières, l'industrie de la construction partage plusieurs similitudes avec certaines de ces industries et pourrait s'en inspirer pour développer l'intégration de ces TER.

L'une des similitudes à examiner est la nécessité pour plusieurs firmes séparées géographiquement de s'échanger de l'information pour le développement et la réalisation d'un produit. Elle caractérise par exemple l'industrie de l'automobile, qui fait un usage intensif des TER pour réaliser des échanges électroniques entre les firmes participant à la chaîne de valeur.

Qu'est-ce qu'on entend par « échanges électroniques »?

> *« L'échange électronique est défini par un échange d'affaires qui dépend de l'utilisation des TI pour les communications organisationnelles impliquant des liens pour les télécommunications. Les systèmes d'échanges électroniques exploitent les capacités TI d'améliorer l'efficience du flot d'information ou d'altérer la nature des transactions inter organisationnelles » (Cunningham et Tynan, 1993)*

L'échange électronique comprend ici deux volets, le volet collaboration - la facilitation des échanges d'information servant au développement du produit, et le volet transactionnel par l'engagement et la gestion des contrats entre les différents fournisseurs impliqués et le client.

1.2.1 Le volet collaboration

La collaboration se définit comme le processus conduisant au partage des objectifs et stratégies communes pour la création de concepts et d'une compréhension partagée. (Pallot et Sandoval, 1998). La Figure 2 illustre les

---

4 Bruce Fleming CIO pour Ellis Don Construction, 2000.

différents liens de collaboration entre les fonctions pour le développement et la réalisation du bâtiment.

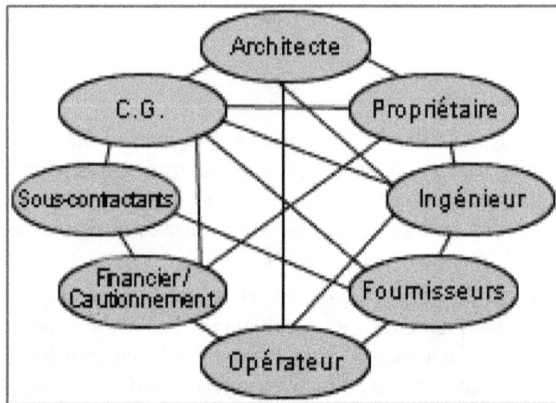

Figure 2 : Diagramme des interactions traditionnelles

Dans l'environnement fragmenté de la construction, la gestion de la collaboration se fait de façon artisanale, aucune firme n'ayant habituellement le pouvoir de gouvernance et la compétence pour gérer l'ensemble des interactions. Il en découle des coûts importants en support administratif à la communication et à la logistique, une grande quantité de changements occasionnés par des erreurs de coordination et des problèmes sérieux de gestion des flots de travail engendrant des coûts, des délais et une qualité moindre (Guss, 2000). L'opportunité des TER est d'offrir un environnement permettant de systématiser les processus de collaboration à l'aide d'outils d'échange électronique d'information et de connaissance.

1.2.2 Le volet transactionnel

Le volet transactionnel inclut tout ce qui concerne la gestion de l'approvisionnement. Il existe deux pôles de gouvernance au niveau de la gestion de l'approvisionnement: le propriétaire pour la sélection, l'engagement des professionnels et des entrepreneurs généraux ainsi que la gestion de leurs contrats respectifs et les entrepreneurs généraux pour la sélection, l'engagement des entrepreneurs spécialisés ainsi que la gestion de leurs contrats respectifs.

La gestion de l'approvisionnement dans la construction est d'autant plus complexe qu'elle implique de nombreuses modifications aux ententes contractuelles en cours de réalisation pour tenir compte des multiples changements dus aux ajustements des spécifications.

Figure 3 : Les 5 principales industries pour le B2B
(Source : Jupiter Research 2000)

Ainsi la préparation, la gestion des appels d'offres et la gestion des contrats est un processus artisanal, coûteux et imprécis qui est loin de garantir la qualité du résultat. On a partiellement pallié à cette faiblesse en utilisant une grande quantité de spécifications, de normes et règlements référant aux matériaux, à leur assemblage et à l'organisation du bâtiment qui décrivent les aspects techniques de l'approvisionnement. Cependant, le nombre de ces références s'est accru de façon exponentielle, les rendant souvent inintelligibles ou inaccessibles.

La gestion électronique des transactions entre entreprises et l'utilisation de catalogues électroniques de produits, règlements ou normes accessibles par Internet sont deux possibilités intéressantes de l'usage des TER. D'ailleurs, comme l'illustre la Figure 3, la construction est reconnue comme un des marchés potentiels les plus porteurs dans les échanges « *Business to*

Business » ou « *B2B* ». Car ce sont dans les industries fragmentées comme la construction que les TER offrent le plus grand bénéfice (Henig et Peter, 2000).

Et pour cause, l'industrie de la construction est la deuxième plus importante dans le monde : « *a 43.2 trillions $ global industry which will exchange over 141 billions$ in electronic transactions   in 2004* » note le Forrester Group.

Jupiter Research rapporte que ces transactions électroniques en ligne entre entreprises auront une croissance accélérée aux États-Unis dans les cinq prochaines années -de 336 billions $US en 2000 à $6.3 trillions $US en 2005. L'activité des transactions électroniques entre entreprises représente aujourd'hui 3 % du marché *B2B* mais en représentera 42 % dès 2005.

Les échanges dans la chaîne d'approvisionnement domineront le commerce électronique *B2B* durant cette période. Dans son rapport sur les projections du commerce électronique *B2B* aux États-Unis (figure 3), Jupiter Research identifie la construction et l'immobilier comme faisant partie des cinq industries qui conduiront le plus de transactions en ligne en réalisant près de la moitié de leurs achats et ventes en ligne, soit pour une valeur de près de 528 milliards $US.

Cet optimisme a incité les firmes d'investissement à risque (*Venture capital)* à investir massivement de 1998 à 2000 dans les solutions s'adressant aux échanges électroniques dans cette industrie. Il existe présentement au moins une centaine de *dotcom* qui se partage près de 200 millions$ en capital de risque aux États-Unis. De plus, les vendeurs dominants pour chacune des fonctions se sont lancés dans l'élargissement de leurs solutions spécialisées vers la plate-forme virtuelle.

1.3 Le retard de l'industrie

Cependant, le peu d'intérêt de l'industrie pour les technologies de l'information jette un pavé dans cette mare d'optimisme. On identifie trois barrières principales à l'intégration des TER et autres technologies de l'information dans la construction : un manque d'investissement, une méconnaissance des technologies et la fragmentation de l'industrie.

Une recherche récente (Andresen et al, 2000) considère que la principale barrière pour une exploitation et une application efficace des TI a été, comparativement à d'autres industries, un manque d'investissement.

Les entrepreneurs et les fournisseurs n'entrevoient pas de bénéfices majeurs dans l'amélioration de la coordination inter-firmes à travers les TI (Betts et al, 1995a).

Cette même recherche explique cette perception par l'absence d'utilisation de méthodes d'évaluation des bénéfices et de recours à des « business plan » pour supporter la définition d'une architecture appropriée des systèmes informatiques.

On pourrait aussi parler d'une méconnaissance des technologies. Une étude d'étalonnage dans l'utilisation des TER réalisée auprès de dix compagnies majeures de construction (Clark A. et al 1999) compare la maturité de cette industrie par rapport à deux autres industries partageant des caractéristiques similaires : la construction navale (similitude de ses processus) et l'automobile (meilleures pratiques; usage intensif des TER).

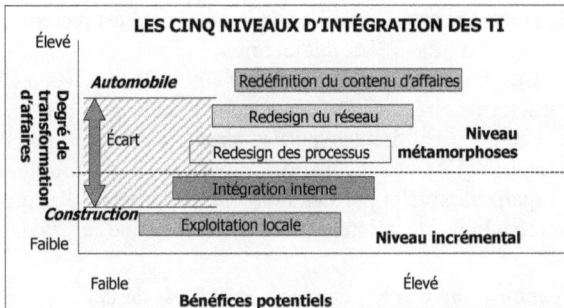

Figure 4 : Niveaux d'intégration des TI

Les auteurs soulignent un écart important à combler pour rencontrer les meilleures pratiques de l'industrie dans la gestion électronique de la collaboration et de l'approvisionnement. Ils insistent sur l'urgence de changements fondamentaux dans les domaines suivants: technologie, gestion de l'information[5], culture[6], formules d'approvisionnement.

---

[5] Les firmes de construction se limitent à échanger de l'information de type administratif et opérationnel. La qualité de l'information échangée (à temps, adéquate et transparente) entre constructeur et fournisseurs est faible (Grilo, 1996).

6 La culture de la construction s'oppose à l'innovation, qu'elle soit incrémentale ou radicale, spécialement quand elle ne concerne pas le processus de production (Atkin, 1994).

13

Pour terminer, ils situent la maturité de la construction dans l'intégration des TI au niveau le plus bas du modèle de maturité (Venkatraman, 1991) présenté à la Figure 4 soit l'exploitation locale[7].

Ces obstacles sont amplifiés par la structure (réseaux temporaires d'entreprises spécialisées), la fragmentation (entreprises de petite échelle) et la sous-capitalisation de cette industrie. Un projet de construction implique un grand nombre de personnes avec différentes habiletés, connaissances et intérêts travaillant ensemble. Ceci semble créer des problèmes pour l'organisation des deux processus clés : conception et construction, à cause du grand nombre d'interfaces et des difficultés dans la communication (Aouad et al, 1994).

Aussi, comme nous l'avons illustré plus haut, le cycle de vie du projet est fragmenté en plusieurs étapes (faisabilité, conception, approvisionnement, construction, mise en service, opération et entretien, et éventuellement réfection et démolition) la réalisation de chaque étape faisant appel à des acteurs variés et changeants. Cet environnement éclaté est reconnu comme un empêchement majeur dans le déploiement réussi des technologies de l'information. Les problèmes de déploiement des TER sont liés à l'intégration des TI à la structure du réseau d'affaires pour l'échange d'information et de connaissance entre les différentes parties prenantes au projet (Pudicombe, 1997). Pudicombe (1997) suggère de répondre à la problématique de l'intégration organisationnelle par des nouvelles approches d'approvisionnent et à la problématique de l'intégration technologique à l'aide des TER émergentes.

Comme nous pouvons le constater, le défi est de taille. La construction est demeurée relativement étanche aux technologies de l'information. Elle semble manquer à la fois de maturité, de capacité et de motivation pour embrasser les opportunités des TER. Mais comme disait Gerstein (1987):

> *"The critical element is neither the application area nor its underlying technology that makes IT strategically important. It is the specific role of a particular technology application to a given industry at a point in time that makes the difference."*

---

7 La maturité des constructeurs en TER est beaucoup plus élevée que chez les fournisseurs, mais les deux sont très immatures. De plus, il n'y a pas encore de technologies taillées sur mesure pour cette industrie (Grilo, 1996).

1.3.1 La pression de l'environnement

Grilo (1996), dans une étude sur l'utilisation des TER dans la construction, soulignait l'importance de facteurs positifs de conditionnement pour vaincre la résistance au changement de la construction. Or, il semble que de nouveaux facteurs vont affecter les points principaux de résistance aux changements : les caractéristiques particulières du produit de construction; la tendance des pays à vouloir protéger cette industrie séculaire qui ne tient plus face aux pressions de la globalisation. Quels sont ces facteurs? On demande de construire mieux, plus vite et moins cher. Les clients exigent de plus en plus d'avoir accès en temps réel à l'information de projet durant les phases de conception et de réalisation par l'entremise de TER et les barrières protectionnistes s'estompent.

On constate depuis plusieurs années une pression soutenue pour une réduction du temps au marché et les techniques du bâtiment ne cessent de se complexifier. Mais contrairement aux autres industries, on n'a pas eu recours à une approche orientée processus pour revoir les façons de faire (Guss, 2000).

Pour répondre aux exigences énoncées plus haut, on a préféré de plutôt s'en tenir à réunir un groupe de ressources reconnues pour leur performance et maintenir les caractéristiques fonctionnelles de la chaîne d'approvisionnement. On a opté pour le chevauchement des activités techniques fragmentées (mode accéléré) ou pour l'ajout des ressources (*crashing*) afin de réduire les délais plutôt que de se concentrer sur une approche processus.

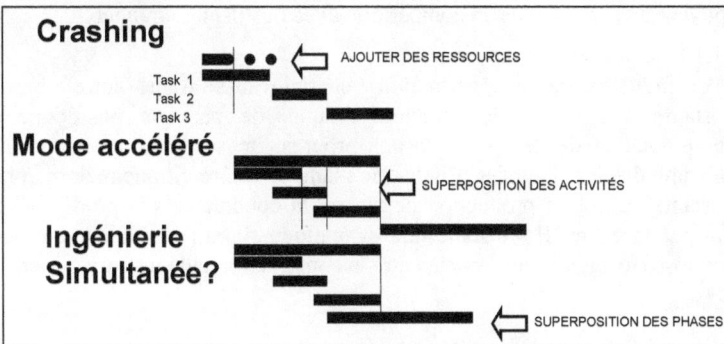

Figure 5 : Techniques d'accélération

L'industrie a réussi à court terme à réduire à la fois les coûts et les délais par une réduction des frais fixes et du financement liés à la durée. Elle a aussi profité d'importantes réductions de coûts de fabrication des produits manufacturés pour diminuer les coûts et évité la révision de ses processus. Cependant, ces techniques d'accélération (Figure 5) ce sont traduites par une détérioration de la qualité et une augmentation des changements reliés à des problèmes de coordination entre des activités qui devenaient, par leur chevauchement, interdépendantes. On construit plus vite, mais souvent moins bien et pas nécessairement pour moins cher. C'est ce qui a incité les clients à se doter de groupes techniques qualifiés pour réaliser cette gestion.

Selon Abduh et Skibneiewski (1999), une des méthodes pour réussir l'intégration organisationnelle est reliée au système de gestion de projet que les propriétaires sélectionnent pour réaliser le bâtiment.

Depuis quelques années, les propriétaires ont commencé à mettre en place d'autres systèmes de réalisation qui peuvent augmenter le degré d'intégration, tel le « design-build », le « clé en main » et le « Construit opère transfère »[8] tout en permettant à l'entrepreneur de participer au processus de conception.

Enfin, sous la pression des accords internationaux (GATT, ALENA) les gouvernements doivent laisser tomber les nombreuses barrières qui surprotégeaient l'industrie.

Même si au Québec la langue et la structure unique des corps de métier demeurent des barrières à l'entrée importantes, les professionnels se retrouvent de plus en plus en compétition avec des firmes étrangères.

1.3.1.1 Une nouvelle compétition

L'industrie de la construction bénéficie aussi d'une autre barrière importante à l'entrée : le caractère unique, de par son positionnement géographique et de ses particularités propres, de ses produits. Cependant, depuis une dizaine d'années, l'industrie manufacturière vit une métamorphose importante qui, de la production de masse, la conduit vers le produit unique défini par le client. Il s'installe une dynamique singulière qui comble peu à peu le fossé ayant toujours existé entre la construction et le manufacturier.

---

8 En anglais *BOT* ou « *Build Operate Transfert* »

Au centre de cette révolution on retrouve des systèmes manufacturiers de conception et de production automatisés (CAO-FAO[9]) et le nouveau concept d'agilité manufacturière (AM) prônée par la Défense Américaine aux États-Unis, par Esprit en Europe et par le « *Intelligent Manufacturing Systems* » au Japon (Pallot et Sandoval, 1998). Ce concept implique pour chaque produit la création des chaînes d'approvisionnement par projet et centrées sur le client.

Il présuppose la formation pour chaque projet d'une entreprise virtuelle formée d'unités de conception et de production séparées géographiquement mais reliées en temps réel à l'aide de TER.

Le principal enjeu de l'agilité manufacturière est d'accélérer le cycle de développement. Ce cycle doit être réduit au minimum, car les exigences de « temps au marché » demeurent prépondérantes. Il est impensable de promouvoir la possibilité d'offrir un produit manufacturier sur mesure si son ingénierie demande plusieurs années.

Au cœur des technologies, modèles et méthodes mis en place pour rendre l'industrie agile, se trouve l'IS et son dérivé virtuel le CE. L'objectif de l'IS est d'améliorer la performance durant le processus de conception en considérant concurremment en amont tous les aspects des phases du projet et en éliminant ainsi toutes les activités sans valeur ajoutée tout en encourageant les équipes multi disciplinaires (Gordon, 1994).

Les résultats sont étonnants : la division des moteurs d'avion de GE a réduit le temps de conception et de fabrication pour certaines composantes de ses réacteurs de 22 à 3 semaines en utilisant l'IS (Prasad, 1996).

En résumé, la construction doit changer, même si elle n'en a ni la motivation, ni les moyens. Les pressions externes sont trop importantes pour être ignorées. Cependant, la construction peut transformer la menace que représente la compétition d'une industrie manufacturière s'équipant pour réaliser des produits différenciés en transposant ses outils et techniques, la rendant encore plus agile grâce à l'IS.

---

[9] Conception assistée par ordinateur-fabrication assistée par ordinateur.

Nous avons décrit le contexte et la problématique en faisant ressortir l'opportunité de transposer le cœur des meilleures pratiques d'industries similaires soit l'IS. Nous allons maintenant définir l'objectif de recherche et les prémisses de base qui le supportent.

2.1 L'objectif de recherche

L'IS est une méthode systématique de gestion de projets qui permet de surmonter les problèmes soulignés plus haut lors de d'accélération des projets de construction. Elle a le grand avantage d'aider à résoudre les problèmes d'intégration organisationnelle en fournissant un cadre précis, orienté processus, de modélisation des activités du projet. Le domaine manufacturier, particulièrement l'industrie de référence qu'est l'automobile, a réussi à faire l'intégration technologique en utilisant l'IS comme canevas pour la mise en place des TER.

L'industrie de la construction est mûre pour adopter l'IS. De nombreux chercheurs examinent depuis peu la possibilité d'appliquer les principes de l'IS à la construction. De plus, ces mêmes chercheurs sont convaincus que des modèles d'intégration des TER provenant d'industries similaires peuvent être transposés à l'industrie de la construction (Clark et al, 1999; Grilo 1996; Betts et al, 1995b). Enfin, pour qu'une technologie s'impose sur le chantier, elle se doit d'être simple, portable, efficace, de faible coût et supporter le travail collaboratif (Abduh, 1999). Les TER semblent aujourd'hui répondre à ces exigences (Brown et al, 1996). Nous dérivons de ces constats l'objectif de recherche suivant :

Concevoir une infrastructure TI pour la construction permettant de répondre aux besoins de l'IS qui soit acceptable pour l'industrie de la construction en répondant à ces exigences:

- *un faible coût*
- *une courbe d'apprentissage courte*
- *une accessibilité universelle.*

2.2 Les prémisses de base

Nous reprenons, dans le cadre de ce mémoire, les hypothèses élaborées dans des recherches antérieures conduites par le groupe de recherche *TI Construction* de l'université de Salford (Grilo, 1996; Betts et al, 1995b):

- les modèles de TER qui ont fonctionné dans les domaines ayant des caractéristiques similaires vont aussi fonctionner dans la construction;

- il est possible de transposer les fonctionnalités du domaine ciblé en examinant les similarités et les différences avec la construction.

2.3 L'approche conceptuelle

Nous avons identifié, au centre de la problématique de la construction en mode accéléré, l'incapacité de gérer les interfaces entre des activités interdépendantes. Nous avons établi que le cadre méthodologique de l'IS développée dans le manufacturier pourrait résoudre cette problématique. Nous avons aussi identifié que les industries similaires comme l'automobile faisaient usage de l'IS et des TER pour réussir l'intégration organisationnelle et technologique. Pour terminer, nous avons noté des ressemblances suffisamment importantes entre la construction et des industries similaires pour assumer que les modèles et les fonctionnalités développées autour de l'IS pourraient être transposées à l'industrie de la construction. Notre approche méthodologique consistera à :

- utiliser l'IS/CE comme cadre de développement du modèle d'affaires pour la réalisation de produits uniques;

- adopter les TER comme support TI/TER permettant de réaliser des activités entre des fonctions séparées géographiquement de façon concurrente;

- s'inspirer de modèles et d'infrastructures TI/TER d'autres industries basées en tout ou en partie sur les principes de l'IS/CE pour développer une grille de fonctionnalités applicables.

Pour ce faire, nous allons dans un premier temps décrire ce qu'est l'IS, comment il a donné lieu au modèle d'affaires articulé autour du CE et dans quel cadre cette méthodologie et ce modèle peuvent être transposés à la construction.

Nous allons ensuite définir les TER qui ont été développées pour supporter l'échange d'information et de connaissances dans un environnement utilisant l'IS. Enfin nous examinerons quels sont les TER et les modèles d'affaires les plus appropriés au contexte de la construction.

2.4 L'ingénierie simultanée

Le concept d'IS est apparu à la fin des années 80 dans les industries manufacturières oeuvrant pour la Défense et l'aérospatiale. Le but recherché en était de minimiser le temps de développement de produits manufacturés de haute complexité (Barkan 1988). On retrouve dans la littérature de nombreuses définitions, mais celle de Winner et al (1998) est considérée comme la référence :

> «L'ingénierie simultanée - «concurrent or simultaneous engineering» - est une approche systématique de développement intégré des produits et des processus qui y sont reliés; considérant tous les éléments du cycle de vie de la conception à la disposition; incluant les contraintes de coût, de qualité, d'échéancier et d'exigences des usagers.»

Plusieurs concepts gravitent autour de cette définition, tels :

- la planification et l'intégration des processus de conception et de production;
- la maximisation de la qualité et la réduction des délais et des coûts;
- la synchronisation des technologies de conception et de production durant tout le cycle de vie.

Comme mentionné plus haut, dans la gestion traditionnelle de projets de construction, on organise l'échéancier en fonction du séquencement d'activités fragmentées. Cette technique s'avère imprécise dans un contexte en mode accéléré où plusieurs activités deviennent interdépendantes. Dans le domaine manufacturier, on préfère décrire les activités comme composantes de processus amorcés par des intrants qui, par le travail de transformation, produiront des extrants ou livrables. Ces extrants deviendront l'intrant déclencheur du processus ou de l'activité subséquente. La planification du projet se fait en fonction d'une modélisation et d'une optimisation de la chaîne de processus.

L'organisation des activités et processus (voir annexe 1) peut se faire selon trois modes :

- de façon séquentielle;
- en chaînes de processus parallèle et;
- en processus interdépendants (concurrence).

L'IS présente des outils et techniques pour planifier et gérer cette interdépendance. On utilise à la base les mêmes outils que la gestion de projet soit le découpage du projet en lots de travail. Cependant, pour la planification des délais, on utilisera des outils de modélisation des processus en parallèle avec le découpage de projet avant de réaliser un échéancier. La gestion de la concurrence s'établie par la planification et la gestion des flots de travail et des flots d'information. La contribution majeure des TER à l'IS est la capacité de gérer électroniquement ces flots à l'intérieur de l'organisation ou à travers la chaîne de valeur. Les résultats obtenus dans l'utilisation de ces outils et techniques dans le manufacturier sont éloquents (National Institute of Standards &Technology, Institute of Defense Analysis 1989-1990) :

- réduction du temps de développement de 30% à 70%;
- réduction du nombre de changements d'ingénierie de 65% à 90%;
- réduction du « temps au marché » de 20% à 90%;
- amélioration de la qualité de 200% à 600%;
- augmentation de la productivité des cols blancs de 20% à 110%;
- augmentation des ventes de 55 à 50%;
- retour sur l'investissement de 20% à 120%;
- augmentation de la satisfaction du client de 100% à 200%.

Ce concept prend toute sa valeur dans la construction lorsqu'elle est associée à une chaîne de valeurs d'un genre nouveau : le « CE ».

2.5 Le « Concurrent Enterprising »

Le « CE » est un concept qui a vu le jour à la fin des années 80 dans le contexte du rapport sur le « *Agile Manufacturing* » dans le cadre du projet MANTEC de la Défense américaine (DARPA 1987). Plus d'une centaine d'entreprises ont participé à la rédaction de ce rapport qui fixait comme objectif de réaliser une nouvelle infrastructure pour faire la transition d'une production de masse à une production manufacturière agile offrant la capacité de réaliser des produits sur mesure.

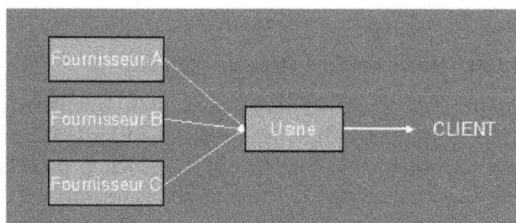

Figure 6 : Chaîne de production traditionnelle de valeur

Dans le modèle traditionnel illustré dans la Figure 6, les processus de la chaîne de valeur (Porter et Miller, 1985) sont réalisés d'aval en amont en séquence. L'entreprise s'approvisionnera d'abord sur une base compétitive auprès de différents fournisseurs pour obtenir les composantes après en avoir défini les spécifications. Elle en effectuera par la suite l'assemblage en usine pour réaliser en quantité un produit manufacturé. Le produit sera acheminé par l'entremise de la chaîne de vente.

La Figure 7 présente le nouveau modèle de réseau d'affaires, le CE. Une entreprise «concurrente» est une entreprise qui fonctionne en mode simultané avec le marché, les partenaires du réseau d'affaires et les usagers dans un mode réactif et flexible pour améliorer la créativité et l'innovation. Le CE est le processus qui permet de transformer une chaîne d'approvisionnement séquentielle en réseau concurrent (Pallot et Sandoval, 1998).

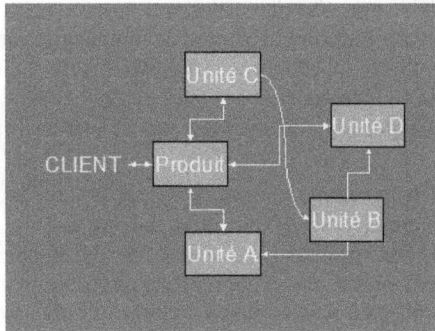

Figure 7 : Chaîne de valeur par projet

Ici, la planification des processus pour définir et réaliser le produit se fait d'amont en aval à partir du client. La chaîne de processus est dessinée de façon itérative en mettant à profit l'expertise des différents fournisseurs. Cette chaîne de processus sert de canevas pour définir la chaîne d'approvisionnement et les flots d'information entre les différentes entités.

Boeing offre un excellent exemple de ce modèle d'affaires. Cette entreprise a créé une plate-forme virtuelle pour le développement et la fabrication concurrente du Boeing 777 (Tookey et Betts, 1999). Pour ce faire, elle a impliqué en mode simultanée les concepteurs, les fournisseurs et les clients. Elle a aussi développé de nouvelles capacités de production en faisant un usage intensif de technologies de conception, de production et de communication et en utilisant une approche de collaboration et d'échanges d'informations et de connaissances soutenus entre le client et les différents fournisseurs.

Les avantages de ce mode d'opération ?

- un produit taillé sur mesure;
- une approche projet de la gestion de la chaîne de valeur centrée sur le client;
- les bénéfices énoncés plus haut de l'IS.

2.6 Les TER dans la chaîne de valeur du projet

Au centre du concept de CE se trouve l'entreprise virtuelle, une entité temporaire - matérialisant les alliances – qui existe à travers les TER et vise à partager les habiletés, les ressources, les coûts et les bénéfices pour réaliser un ou plusieurs projets répondant aux opportunités de marché (Pallot et Sandoval, 1998).

Pour réaliser la concurrence des processus à l'intérieur de l'entreprise virtuelle, les partenaires du réseau d'affaires doivent faire un travail important de rationalisation des processus globaux et développer une approche multidisciplinaire par projet. Les TER rendent possibles la globalisation et la distribution de l'information, la synchronisation des échanges d'information entre des activités interdépendantes et elles supportent les interactions entre experts.

Elles doivent donc offrir certaines caractéristiques particulières :

- les outils de collaboration;
- les bases de données des produits et des fournisseurs;
- les marchés électroniques;
- la gestion électronique des transactions.

Les extranets et les portails électroniques sont les deux TER qui répondent le mieux à ces caractéristiques. L'extranet a été favorisé par les entreprises dominantes d'une industrie non fragmentée. C'est le cas entre autres de General Electric qui a développé un « *Concurrent Engineering Toolkit* » (Bernstein et al 1994), une boîte d'outils électroniques ou API qui permet l'échange électronique entre certains logiciels des fournisseurs et les systèmes informatiques de GE.

Ce modèle présente néanmoins les désavantages d'imposer des technologies propriétaires d'un leader. Il en réduit ainsi l'universalité en plus de demander au départ des investissements importants qui sont hors de portée de la majorité des entreprises de construction. Ce n'est pas le cas du portail qui a le double avantage d'offrir des outils et des logiciels génériques facilement accessibles et de ne pas demander d'investissements technologiques importants de la part des entreprises qui participent à ce marché électronique. De plus, le portail facilite la création de chaînes d'approvisionnement par projet. C'est un environnement qui correspond bien à l'univers de l'industrie de la construction. Nous retiendrons le portail comme TER pour l'industrie de la construction.

2.7 La méthodologie

Nous avons établi que le portail électronique répond à nos objectifs de recherche d'offrir, par l'entremise du « Web », une infrastructure TI multi plates-formes, de faible coût et avec une courbe d'apprentissage réduite. Mais l'architecture des portails verticaux existants offre-t-elle des fonctionnalités d'IS adéquates pour répondre aux besoins de l'industrie de la construction? Pour répondre à cette question, nous élaborerons d'abord nos hypothèses pour ensuite élaborer notre cadre méthodologique.

2.7.1 Les hypothèses

Les architectures des portails verticaux présentent des similitudes importantes, quel que soit le domaine d'affaires. On constate aussi que les processus globaux de développement et de fabrication de produits se répètent d'une industrie à l'autre. Cependant, chaque industrie possède des champs d'applications spécialisées possédant des caractéristiques propres et qui demandent des fonctionnalités adaptées à leurs particularités. Par exemple, en construction, il n'existe pas d'équivalent aux logiciels CAO-FAO[10]. A cause des caractéristiques particulières de cette industrie, les fonctionnalités liées à l'intégration de la conception et de la fabrication ne seront pas applicables à court terme dans la construction. Nous en déduisons les hypothèses de travail suivantes :

- l'architecture de haut niveau d'un tel système dépend plus du modèle d'affaires que du domaine d'affaires;

- les fonctionnalités de bas niveau doivent être adaptées aux besoins spécifiques du domaine d'affaires;

- la configuration des fonctionnalités doit être adaptée aux utilisateurs impliqués dans la construction (Abduh, 1999).

---

10 Par exemple, pour la réalisation du Boeing 777, les dessins réalisés sur CAO pour la conception communiquaient directement les instructions aux logiciels FAO pour la fabrication avec comme résultat une précision inégalée dans les assemblages.

2.7.2 Le cadre méthodologique

Un premier cadre méthodologique avait été défini dans le but d'identifier les fonctionnalités IS/CE d'un portail dédié à la construction en se servant comme référence des exemples d'applications et de portails utilisés dans les secteurs de pointe du manufacturier. Il comportait la séquence de recherche suivante :

- sélection de trois portails offrant les fonctionnalités recherchées de collaboration et d'approvisionnement pour l'IS;

- simulation d'activités concurrentes dans les phases de conception et de construction

- mesure du coefficient d'utilité de ces fonctionnalités;

- définition des fonctionnalités à incorporer dans un portail de construction permettant l'IS;

- validation auprès d'experts au niveau académique et professionnel des résultats.

Une revue exhaustive de la littérature sur le sujet et une première revue des principaux portails de construction et manufacturier a fait ressortir certains enjeux non connus au départ. En fait, les références aux modèles d'affaires IS/CE dans l'industrie sont fragmentaires. De plus, aucune ne s'applique à l'architecture des portails et pour finir, les opportunités offertes par les TER pour la transformation des processus ne sont pas pris en considération.

Qui plus est, la mesure du coefficient d'utilité et la validation par des pairs comportait des défis difficiles à surmonter. Rares sont les personnes dans le domaine de la construction qui possèdent ne serait-ce que les notions de base à propos des technologies de l'information. Cette validation aurait demandé non seulement une compréhension des TER et des fonctionnalités d'un tel portail mais encore une maîtrise des concepts de base de l'IS et de la réingénierie des processus.

Pour pallier à ces lacunes, il a été jugé essentiel de porter une réflexion sur un modèle d'affaires forgé autour des concepts de l'IS/CE et compatible avec l'environnement de la construction décrit plus haut, en conjonction avec une analyse des potentiels offerts par les TER.

La séquence de recherche a été ajustée ainsi :
- identification des paramètres pour l'application de l'IS/CE;
- élaboration de la stratégie d'affaires;
- définition de la chaîne de processus et du modèle d'affaires;
- conception de l'architecture;
- définition des fonctionnalités.

Il est clair que les retombées de l'IS/CE sont suffisamment alléchantes pour intéresser l'industrie à l'adoption des TER. Cependant quels sont les paramètres pour leur application dans la construction? Quels sont les facteurs et les enjeux à considérer? Aussi, certaines approches ont été tracées dans le domaine manufacturier pour l'implantation de l'IS/CE. Quelles sont les leçons apprises et les facteurs critiques de succès à utiliser dans l'élaboration de la stratégie d'affaires?

Dans l'industrie manufacturière, l'application de l'IS/CE commence par une révision des processus de conception et de réalisation du produit. Dans la construction, la recherche actuelle sur ce volet s'est concentrée sur l'utilisation des techniques traditionnelles de réingénierie des processus (Atkin, 1999; Evbuomwan et Anumba, 1996; Betts et al, 1999). La première partie de notre démarche consistera en une évaluation des différentes approches et modèles de processus élaborés dans différents projets de recherche et en l'élaboration d'une structure de processus et d'un modèle d'affaires. La dernière partie présentera une proposition pour l'architecture et les fonctionnalités ICS/CE du portail de construction. Cette proposition sera dérivée des travaux sur des systèmes d'information intégrés appliqués à la construction, de l'architecture des portails existants et de diverses solutions logicielles sur le marché.

La démarche menant à la proposition d'un modèle de portail adapté à la construction en mode d'IS repose sur l'analyse large de toute la littérature académique et professionnelle pertinente, ainsi que l'analyse des fonctionnalités de certains portails et applications.

Cette recherche demeure donc à un niveau conceptuel, bien que plusieurs intervenants aient été consultés. Par contre, l'ensemble des propositions concernant l'architecture et les fonctionnalités pourraient permettre à des équipes de recherche de reprendre le travail, de l'adapter à leurs besoins et de le tester par prototypage.

CHAPITRE 3

PRÉSENTATION DES PRINCIPAUX RÉSULTATS QUANT AU MODÈLE D'AFFAIRES

Ce mémoire de recherche se veut une proposition d'un nouveau modèle d'affaires de la construction dont la structure des processus est initiée par les TER et qui intègre les principes moteurs de l'IS/CE à l'intérieur d'un portail vertical dédié à la construction.

Le nouveau modèle d'affaires réduit le nombre d'intervenants principaux à deux : le client et l'intégrateur. Les règles d'affaires et d'approvisionnement sont régies à travers un marché électronique dont l'accès est limité aux intervenants qui ont démontré la capacité nécessaire pour fonctionner selon les principes de l'IS/CE.

Le nouveau concept de portail vertical s'appuie sur les recherches portant sur les outils de personnalisation de l'environnement Web (Ceri, Fraternali et Paraboschi, 1999; Atzeni, Mecca et Merialdo, 1998) et Autoweb (Ceri et al, 1998) pour générer des environnements de travail calibrés en fonction de trois éléments soit, la fonction, l'emplacement dans le cycle de vie et la maturité en IS/CE de l'utilisateur. En effet, actuellement, tous les portails verticaux de construction présentent un environnement statique et uni dimensionnel. Pourtant, l'information et les outils de l'architecte sont très différents de ceux du propriétaire ou de l'intégrateur. De plus, les fonctions, les outils et les informations requises changent avec le cycle de vie. Par exemple, on utilisera des outils de planification des coûts et des délais dans le cycle de planification et des outils de contrôle lors de la réalisation. Enfin, le degré de sophistication requise dans l'utilisation des outils va varier selon la maturité des utilisateurs.

Avec les outils de personnalisation, l'environnement de travail est calibré selon ces trois éléments, offrant une interface simplifiée avec un contenu à haute valeur ajoutée. Pour offrir cette haute valeur ajoutée, le portail présente une architecture en deux volets : le modèle unique à perspectives multiples ainsi que l'environnement de travail intégré. Le modèle unique à perspectives multiples est une évolution vers une intégration des différents types de modélisation dans un cadre unifié de connaissances exprimé à partir de représentations 3 D des objets qui composent le modèle. Il sert à l'élaboration du produit.

L'environnement de travail intégré regroupe les outils de gestion du développement du produit. Il comprend l'espace de travail pour la conception, les outils d'échange et de communications et le cadre de coordination du projet, de la chaîne de valeur et de la chaîne d'approvisionnement.

Le développement des résultats de cette étude suit la suggestion de Pudicombe (1997) d'attaquer la problématique de l'intégration organisationnelle par une redéfinition de l'environnement en proposant de nouvelles formes de relations d'approvisionnement entre les participants du réseau d'affaires sous la forme d'un modèle d'affaires et de résoudre la problématique de l'intégration technologique avec la TER ciblée, soit le portail électronique.

Tel qu'indiqué plus haut, la stratégie préconisée pour la redéfinition de l'environnement d'affaires consiste à transposer les modèles d'industries ayant instauré les meilleures pratiques dans l'intégration des TI. Le résultat recherché est une réduction des coûts et des délais de réalisation tout en augmentant la qualité du produit de la construction : le bâtiment. L'IS et sa contrepartie au niveau du réseau d'affaires le CE (IS/CE) forment un cadre d'outils et de méthodes testés dans des industries de pointe avec des résultats positifs. Ce cadre a notamment servi de support pour la révision des pratiques d'affaires et d'approvisionnement d'industries avec des particularités similaires à la construction, notamment l'aérospatiale.

La première partie du développement des résultats abordera la définition d'un modèle d'affaires, inspiré des meilleures pratiques dans le cadre de l'IS/CE et bénéficiant des nouvelles opportunités offertes par les TER. La deuxième section définira comment les TER centrées sur le portail peuvent offrir l'environnement de travail et les fonctionnalités souhaitées pour supporter les processus-clés identifiés dans le modèle d'affaires.

3.1 La définition du modèle d'affaires

Les stratégies d'intégration des TI dans l'organisation ont fait l'objet d'une littérature abondante. Les auteurs s'entendent que, pour réussir l'intégration des TI, on doit d'abord réfléchir à l'organisation et à son positionnement stratégique, déterminer comment les technologies peuvent supporter ou amorcer les stratégies d'affaires et revoir les processus dans une optique d'automatisation et de création de valeur (Ward et Griffiths, 1996).

Les stratégies d'intégration des TER dans le réseau d'affaires sont, comme ces technologies, en émergence. Centrées principalement sur la notion de « e-business » ou commerce électronique, elles ne proposent rien de moins que d'ouvrir de nouveaux paradigmes centrés sur les opportunités offertes par un environnement d'affaires virtuel (Kalakota, 1999; Tapscott, Ticoll et Lowy, 1999).

Aussi surprenant qu'il puisse paraître, la littérature sur les stratégies d'intégration des TI et des TER dans la construction est relativement abondante. Autre fait étonnant, force est de constater l'absence de retombées directes de ces recherches dans l'industrie qui accuse un retard important dans ce domaine laisse fortement à désirer. Grilo (1996) explique ce phénomène par une inertie si grande que l'impulsion pour engendrer les changements requis dans l'adoption des TER devra être considérable.

Plusieurs universités et auteurs se concentrent depuis quelques années à définir quelle pourrait être la stratégie porteuse pour entraîner cette impulsion tant attendue. Après avoir regroupé l'ensemble des recherches en ce sens Betts et al (1999) proposent un parcours d'intégration des TI calquée sur les méthodes traditionnelles de réingénierie appliquées dans les organisations. Il reprend les thématiques de positionnement stratégique, de définition de la chaîne de valeur, de révision des processus et d'étalonnage à partir des pratiques d'affaires des industries les plus performantes pour repenser les pratiques et stratégies d'affaires de la construction, sans vraiment s'interroger de leur applicabilité dans le contexte particulier d'un réseau holonique.

L'IS est une pratique d'affaires qui a attiré l'attention de quelques chercheurs dans le domaine de la construction. Comme souligné plus haut, les bénéfices dégagés d'une application systématique des principes de l'IS dans les processus d'élaboration de produits sont sans équivoque. De plus, l'IS offre un cadre structuré pour revoir les processus d'affaires dans un environnement complexe et fragmenté. Entre autres, Evbuomwan, Anumba (1997) et Kahkonen et Huovila (1999) ont fait des recherches intéressantes sur des stratégies de transposition de l'IS à la construction.

L'objectif de cette première partie est de proposer un modèle d'affaires qui présente des bénéfices suffisamment alléchants pour intéresser l'industrie. Contrairement aux technologies de l'information où les bénéfices sont difficiles, voire impossibles à démontrer (Brynjolfsson, 1993), les bénéfices de l'IS sont sans équivoque.

30

La validité économique du modèle d'affaires proposé sera donc supportée par les mesures d'étalonnage déjà identifiées par plusieurs chercheurs dont il sera fait mention en temps opportun.

Pour définir ce modèle d'affaires, il sera d'abord question d'établir la stratégie, les paramètres et les enjeux de l'implantation d'un cadre IS/CE, en se référant aux expériences des industries de pointe et des recherches dans le domaine de la construction sur ce sujet. Les principales stratégies de révision des processus et d'intégration des technologies ainsi que leurs résultantes seront ensuite présentées. Enfin, un modèle d'affaires, intégrant une révision des processus en fonction des IS et la définition d'un cadre d'affaires construit sur le concept de marché électronique, complètera la démarche.

3.1.1 Un cadre IS/CE dans la construction

L'implantation d'un cadre IS/CE dans la construction se résume à deux dimensions. Premièrement, l'IS qui sert à définir les méthodes, outils et techniques. En second lieu, le *CE* qui régit les pratiques de l'IS dans un réseau d'affaires

On pourrait qualifier l'application de l'IS en construction comme une approche pour optimiser la qualité, les délais et les coûts par l'intégration des activités de conception, de fabrication, de construction d'érection et d'entretien en vue de maximiser les activités concurrentes et la collaboration dans les pratiques de travail (Love et Sekanan, 1997). Ceci implique la mobilisation au début du projet de tous les membres des équipes de construction et la prise de décisions en fonction des considérations portant sur l'ensemble des cycles de vie des projets. Selon Dawood et al, (1997) les bénéfices d'une telle approche sont multiples. L'IS améliore la communication entre les parties, réduit la confrontation et la fragmentation entre les membres des équipes de construction, augmente l'efficience et produit une meilleure solution pour l'usager. Syan (1997) croit que l'utilisation de l'IS dans la construction aura comme résultats :

- de réduire le temps de développement;

- d'éliminer les pertes engendrées par les actions correctives;

- de réduire les coûts;

- d'augmenter la qualité et la valeur;

- de concevoir correctement du premier coup;

31

- de rencontrer simultanément les exigences de fonctionnalité, de productibilité et de conditionnement de produit;

- de satisfaire entièrement le consommateur.

Cependant, comme l'illustre le Tableau 2, c'est un gouffre qui sépare les pratiques que l'on retrouve dans la chaîne d'approvisionnement de la construction[11] et celles que l'on s'entendrait à retrouver dans un cadre IS tel que défini par Prasad (1996).

Tableau 2: Cadre IS et pratiques de construction

CADRE IS	CONSTRUCTION
Travail parallèle	Travail séquentiel : par fonctions
Décomposition parallèle du produit avec itérations d'optimisation	Découpage séquentiel du produit par vagues successives du haut vers le bas
Planification concurrente des ressources	Planification des ressources en silos fonctionnels
Montage du travail et de l'information : modélisation des produits et processus	Fragmentation des flots de travail et d'information selon la hiérarchie et le mode de réalisation
Interfaces produit/ processus/informatique réduites au minimum	Interface non structurée : prise de décisions selon un ordre hiérarchique
Communication transparente	Communication ségréguée par fonction[12]
Processus de traitement de l'information et des livrables accélérés	Processus de traitements sub-optimaux internes et inter-fonctions

Cet écart peut sembler important, mais il est équivalent à celui que certaines entreprises manufacturières ont eu à combler pour implanter un cadre IS à l'intérieur de leurs pratiques. La construction peut profiter de l'opportunité de tirer des leçons de leur expérience. Par exemple, le rapport Latham (Latham, 1994) concluait que, si la construction adoptait les

---

[11] Voir section 1.1.2

[12] 35% de toutes les erreurs en construction proviennent du fait que le travail se fait sur de l'information périmée (par exemple : répétition de la mesure des dimensions de fenêtres : elles peuvent être reprises 50 fois dans le cours du projet (par l'architecte, le technicien, les surintendants, etc.).

techniques d'IS utilisées dans le manufacturier, elle pourrait réduire ses coûts de production de 30%. Le rapport Miller va plus loin. Il suggère de traduire le concept de « *Innovative Manufacturing* », basé sur une approche de processus d'affaires, en « Construction comme un processus manufacturier » (Rogerson, Morris 1999).

Rogerson et Morris (1999) comparent les processus de la construction à celui du développement de produit. Ils identifient au niveau de la chaîne de valeur le « *lean Thinking*[13] », la réingénierie des processus, la « conception pour manufacturer et assembler [14]» et « la production en cellules »[15] comme techniques porteuses de l'IS à emprunter du manufacturier. En résumé, toutes ces études s'accordent sur le fait que la révision des processus est au cœur de l'implantation d'un cadre IS.

3.1.2 La révision des processus

> « *Instead of embedding outdated processes in silicon and software, we should obliterate them and start over* » (Hammer, 1990).

L'industrie de la construction est une industrie à part, avec des caractéristiques si particulières qu'elle a été très peu affectée jusqu'à présent par la révolution de l'informatique. Les pratiques, procédures et processus ont peu évolué durant les deux dernières décennies, passant du « pur papier » à ce que l'on pourrait appeler aujourd'hui du « papier automatisé avec l'ordinateur ». Cette évolution a été graduelle et concentrée d'abord autour des besoins spécialisés des principales fonctions. En fait, cette évolution a été le résultat de nombreuses petites étapes incrémentales et discontinues - souvent adoptées sous la pression des clients - plutôt que d'un changement radical.

Le problème n'est pas un manque de technologies appropriées, mais plus un manque d'éveil sur comment l'exploiter (Clark et al, 1999). L'industrie doit reconnaître que, pour tirer des bénéfices des TI/TER, elle doit développer une stratégie globale d'affaires (Bruce, 1995). Or, c'est au niveau

---

[13] Cela signifie d'éliminer les pertes, de spécifier qu'est-ce que la valeur pour le client, d'identifier le « *value stream* » et de s'assurer que la création de valeur s'exécute sans interruption en éliminant les tâches sans valeur ajoutée.

[14] Il faut pour cela considérer dès la conception les processus de production d'harmoniser le produit avec les processus de réalisation et comparer les options sur la base des coûts et des délais.

[15] Chaque cellule maîtrise ses processus pour développer une composante ou un produit.

de la gestion de la chaîne d'approvisionnement que l'on peut aller chercher le plus grand avantage compétitif (Porter, 1991).

La révision des processus est la méthode préconisée pour développer cette stratégie globale d'affaires. La définition du terme « processus » varie entre les théoriciens. Par exemple, ISO définit un processus comme une série d'actions menant à un résultat. Hammer et Champy (1993) en parlent comme « un ensemble d'activités mesurées conçues pour produire un résultat pour un client ou marché ». Davenport (1993) considère le processus comme « un ordonnancement spécifique d'activités de travail à travers le temps et l'espace, avec un début, une fin, et des intrants et extrants clairement identifiés ».

Toujours selon Davenport (1993), les affaires doivent être perçues non en termes de fonctions, mais de processus clés. L'intérêt d'une définition du travail de transformation d'un besoin en produit en termes de processus est de palier à la rigidité des structures fonctionnelles d'organisation en y superposant une approche systémique d'élaboration de produit orientée processus. La chaîne de processus définit d'abord une séquence de travail comprenant les intrants, les extrants et les ressources nécessaires à l'exécution de chacun des processus. On alloue ensuite les ressources qui sont identifiées à l'intérieur de la structure fonctionnelle. Le flot de travail emprunte ainsi une chaîne de processus libérée de la hiérarchie de travail imposée dans le modèle opérationnel de l'organisation

La révision des processus vise le réalignement de l'organisation du travail, et par conséquent de la structure de l'organisation. Elle a fait l'objet d'une littérature importante et de dénominations variées (redesign organisationnel, réingénierie, innovation dans les processus et autres). Elle est au centre des approches les plus porteuses dans l'implantation de systèmes informatiques pour en maximiser les bénéfices. Venkatraman (1991) insiste même pour dire que c'est dans le redesign des processus du réseau d'affaires que l'on obtient le maximum de bénéfices des TI (et TER). Hammer et Champy (1993) définissent la réingénierie comme:

> « *the fundamental rethinking and radical redesign of business processes to achieve dramatic improvements in critical and contemporary measures of performance, such as cost, quality, service and speed* »

Davenport (1993) englobe cette définition dans les termes plus larges d'innovation dans les processus (IP). Il entend par l'IP le développement d'une compréhension des stratégies et des processus d'affaires de laquelle découle une stratégie de gestion du changement qui considère, dans une vision holistique, toute la complexité des aspects technologiques, humains et organisationnels.

Venkatraman (1991) parle plutôt de « *Business Process Redesign* » qu'il identifie comme la reconfiguration du modèle d'affaires en utilisant les technologies de l'information comme leviers centraux. Il situe le « *Business Process Redesign* »[16] au cœur de l'intégration des technologies de l'information par une révolution des processus aussi bien au niveau de l'organisation que du réseau d'affaires. L'intérêt de ce modèle est multiple :

- il place la révision des processus dans un cadre plus global de chaîne de valeurs englobant l'ensemble du réseau d'affaires;

- il identifie la révision des processus comme catalyseur à l'intérieur d'un modèle de maturité pour intégrer les technologies de l'information;

- il utilise le principe des alignements pour gérer le cycle entre la révision des processus de l'organisation et celle du réseau d'affaires.

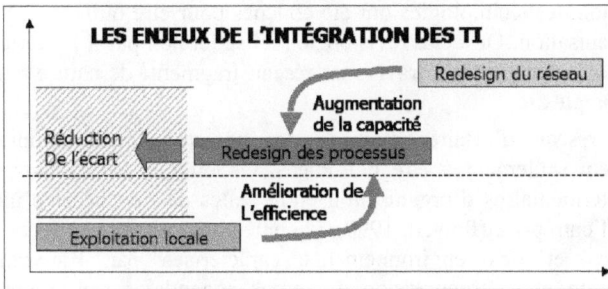

Figure 8 : Cycle des alignements [Ven91]

---

[16] Voir la figure 4 de la section 1.5

La Figure 8 en illustre le mécanisme. L'intérêt de ce modèle est de faire le pont entre le redesign du réseau et celui des organisations qui le composent en plus de situer les TER au centre de la révision des processus du réseau. Cependant, il présuppose que le point d'ancrage pour l'amorce des alignements est l'organisation. Cette organisation doit avoir un poids prépondérant dans le réseau d'affaires et y possède un certain pouvoir coercitif pour exiger la réorganisation des processus du réseau. Ce n'est pas le cas dans la construction.

On retient de l'ensemble des recherches en révision des processus que l'objectif principal est de repenser les façons de faire pour réinventer l'entreprise. Cette révision peut se faire à deux niveaux : à l'intérieur de l'organisation ou dans le redesign des processus de son réseau d'affaires.

Cependant, on reconnaît que la construction possède une haute complexité qui rend difficile de revoir et gérer les processus d'affaires. Pourtant, cette complexité augmente le besoin d'améliorer les processus d'affaires et de développer des solutions intégrées pour supporter ces processus avec les TI comme les TER (Allweyer et al, 1996).

3.1.3 La révision des processus en construction

La révision des processus en construction relève d'un véritable paradoxe. D'un côté, on s'accorde à dire que sa complexité rend difficile une stratégie orientée processus. De l'autre, on considère cette stratégie comme la plus porteuse pour l'intégration des TI/TER. Il faut souligner qu'à quelques exceptions près, les différentes méthodologies de révision des processus et d'intégration des technologies ont été conçues pour être utilisées à l'intérieur d'une organisation. Or, cette révision se réalise ici non pas à l'intérieur d'une organisation, mais plutôt à travers un réseau fragmenté de nature temporaire, d'où sa complexité.

Ce réseau d'affaires possède des caractéristiques complexes qui commencent seulement à être défrichées. On dit que les réseaux sont des formes intermédiaires d'organisation entre celles de marché et d'intégration verticale, l'entreprise (Powell, 1990). On entend par réseau une façon de gérer des tâches et des environnements caractérisés par l'incertitude, la fragmentation et la compression du temps engendrées par la compétition contemporaine qui exigent flexibilité et adaptabilité (Miles et Snow, 1992; Baker, 1992).

Le réseau d'affaires tel que vu par Venkatraman (1991) est représentatif des industries non fragmentées donc ayant une structure de gouvernance avec un noyau (Harrison 1994). Le pouvoir y est asymétrique : un acheteur important (l'unité d'affaires, Figure 9) sélectionne et influe sur ses fournisseurs. Il a un pouvoir de coercition vis-à-vis les membres du réseau et domine la chaîne d'approvisionnement. Bien qu'elle soit la plus propice à initier et supporter les changements nécessaires, cette perspective d'alignement amorcée par l'organisation est impensable dans le cadre de la construction.

Le réseau d'affaires fragmenté de la construction est décrit comme un système en anneaux. Le pouvoir y est symétrique, aucune firme dans la chaîne ne possède plus de 5% du marché et, de par le caractère ponctuel et temporaire des réseaux, aucune firme n'a un pouvoir persistant et ne peut agir par coercition. Certains auteurs utilisent le terme de réseau holonique (McHugh et al, 1995) ou d'entreprise virtuelle pour décrire le cas spécifique de la construction.

Cette faiblesse peut être compensée par le fait, comme l'indique Pallot et Sandoval (1998) que, dans une vision de l'IS/CE, le point d'ancrage dans la révision des processus est non pas l'organisation mais bien le réseau d'affaires. Les processus des entreprises qui les composent peuvent rester sub-optimaux en autant que leur capacité à nourrir les processus du réseau est confirmée.

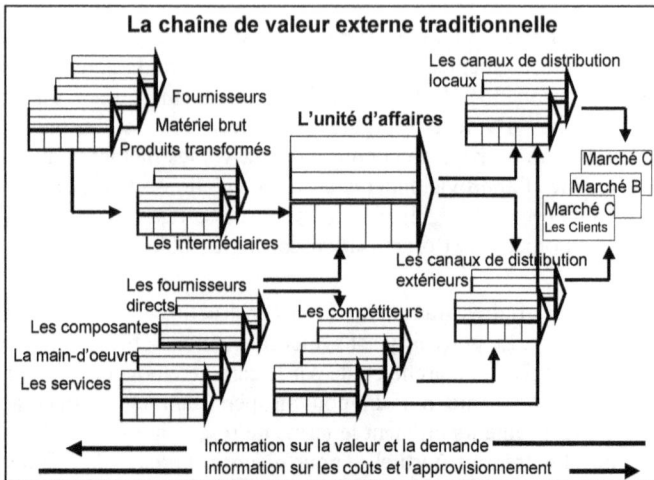

La chaîne de valeur externe traditionnelle

Les canaux de distribution locaux

Fournisseurs
Matériel brut
Produits transformés

L'unité d'affaires

Marché C
Marché B
Marché C
Les Clients

Les intermédiaires

Les fournisseurs directs
Les composantes
La main-d'oeuvre
Les services

Les compétiteurs

Les canaux de distribution extérieurs

Information sur la valeur et la demande
Information sur les coûts et l'approvisionnement

Figure 9 : La chaîne de valeur traditionnelle tirée de Ward et Griffith (1996)

Selon Laitinen (1991) pour résoudre cette complexité, il faut d'abord créer un modèle de processus englobant la naissance de l'idée à l'occupation du bâtiment pour ensuite définir un système de gestion d'affaires qui le supporte. Il voit l'implantation de nouveaux processus en deux temps : décrire en termes de processus l'élaboration et la réalisation du produit de construction et concevoir la chaîne de processus qui maximisera la valeur de l'investissement TI.

Un groupe de l'Université de Salford (Betts et al, 1999) privilégie pour la construction une stratégie calquée sur l'approche traditionnelle de réingénierie utilisée dans l'implantation de systèmes d'information en organisation. Elle suit les étapes suivantes :

1. Développer la vision et les objectifs

2. Identifier les processus à être révisés

3. Comprendre et mesurer les processus existants

4. Identifier les leviers TI qui vont aider à supporter les changements

5. Concevoir et construire un prototype avec la nouvelle structure de processus

Comme il est dit plus haut, il peut être opportun de s'inspirer de l'expérience acquise dans le manufacturier pour réaliser ces étapes. Cependant, la transposition des modèles du manufacturier ne peut se faire sans une compréhension des caractéristiques spécifiques de l'industrie de la construction. C'est ce qui a motivé certains auteurs à explorer d'autres chemins pour établir des correspondances entre des modèles de processus du manufacturier et ceux de la construction (Rogerson et Morris, 1999; Ashton et Ranky, 1993). D'autres ont défini des paramètres et des lignes directrices pour générer des modèles de processus respectueux des concepts de l'IS (Koskela et Huovila, 1997).

Enfin, des auteurs ont adopté ces stratégies pour définir des modèles de processus. Les plus intéressantes sont celles d'Atkin (1999) et de Evbuomwan et Anumba (1996) car elles s'inspirent directement des outils et méthodes de l'IS. Ces modèles seront décrits plus loin.

Malgré leur intérêt certain, les recherches entreprises pour développer un modèle présentent deux lacunes importantes : premièrement, elles considèrent l'apport des technologies dans la révision des processus uniquement sous l'angle de levier aux nouveaux processus; et en deuxième lieu, elles ignorent les caractéristiques particulières du réseau d'affaires de la construction dans la transposition des modèles provenant du manufacturier.

Elles s'intéressent soit à une révision des processus, soit aux TI/TER appliqués à la construction, sans jamais combiner les deux. Pourtant les TI/TER peuvent aussi agir comme facilitateurs pour développer un nouveau modèle de processus (Davenport, 1993). Elles offrent même des opportunités pour initier des modèles de processus qui conduiront à des nouveaux modèles d'affaires (Kalakota, 1999; Tapscott, Ticoll et Lowy, 1999).

Il n'en demeure pas moins que la démarche de réingénierie proposée par Betts et al (1999) présente une démarche logique qui peut être cadrée à l'intérieur d'une perspective de l'IS/CE. Elle offre un cheminement que nous empruntons pour mener la réflexion vers une nouvelle structure de processus.

3.1.4 Le développement de la vision et des objectifs

Élaborer la vision, c'est concevoir à quoi pourrait ressembler dans le futur une industrie de la construction qui fait un usage mature des TER. Cependant, cette vision présuppose comme premier objectif une adoption des TER. Cette adoption est dépendante à ce que des bénéfices mesurables en démontrent la valeur. Comme nous l'avons souligné plus haut, la principale préoccupation qui devient aussi l'échelle de mesure à laquelle on fera référence pour justifier cette adoption est la capacité de réaliser les projets plus rapidement, tout en réduisant les coûts et en offrant un meilleur produit. L'accélération dans une approche séquentielle classique est accompagnée habituellement par une augmentation de coûts et une baisse de la qualité du produit fini.

La technologie n'est pas suffisante à elle seule pour engendrer ces bénéfices. Une révision en profondeur des façons de faire est nécessaire. Cependant, la technologie peut servir à initier une structure de processus renouvelée à l'intérieur d'un nouveau modèle d'affaires rendu possible grâce à ces technologies. La revue de la littérature et des principales tendances de développement dans les différentes industries de pointe laissent présager ce nouveau modèle d'affaires sous la forme d'un marché électronique gravitant autour d'un portail offrant des services avancés d'IS/CE. Mais pour réaliser cette vision, certains paradigmes doivent être brisés, le premier étant la démarche séquentielle dans l'élaboration du bâtiment. Encore ici, on peut se rapporter au vécu d'autres industries pour cerner l'envergure du changement demandé.

Le Tableau 3 illustre les différences entre l'organisation du travail traditionnel en mode séquentiel de la firme Rolls Royce et sa transformation vers une production en cellules en mode parallèle. Ce tableau fait ressortir l'envergure de la transformation radicale des pratiques de cette entreprise pour fonctionner avec des processus parallèles. La construction devra passer par le même chemin.

Rolls Royce, tout comme de nombreuses autres entreprises des industries de pointe, ont choisi l'IS comme cadre pour tracer le cheminement à suivre pour réaliser cette transformation. Ce parcours est maintenant relativement bien balisé. Car, fort de l'étude d'une vingtaine d'entreprises manufacturières ayant réussi le passage à l'IS Deaslley et Lettice (1997) articulent le parcours à suivre pour mener cette transformation dans un cheminement d'apprentissage en fonction de 10 paramètres :

1. Se centrer sur les exigences du propriétaire, du client et du consommateur

2. Intégrer les activités des disciplines fonctionnelles

3. Réaliser l'étalonnage « benchmarking » des processus de conception/construction

4. Se concentrer sur la qualité, les coûts, la sécurité, la performance et la livraison du projet

5. Développer concurremment la conception et la réalisation en considérant les enjeux de fabrication, de construction et d'érection du bâtiment

6. Intégrer les outils CAO et les autres outils de conception

7. Utiliser des techniques modernes de gestion de projet

8. Intégrer et communiquer des connaissances de conception

9. Introduire de nouveaux matériaux/technologies

10.Utiliser efficacement des équipements et logiciels

Tableau 3: Comparatif des processus

PROCESSUS SÉQUENTIEL	PROCESSUS PARALLÈLE
• Distribue les problèmes à des personnes isolées • Renforce les barrières entre les habiletés et les fonctions • Demande des contrôles de gestion excessifs • Requiert des détails exhaustifs au début du cycle de développement résultant en de longs délais et des itérations séquentielles multiples • Demande une quantité substantielle d'actions correctives	• Concentre toutes les habiletés sous un point de contrôle, généralement le chef de projet • Permet la compréhension et des interactions plus simples entre des équipes pour la résolution de problèmes • Fournit un traitement parallèle des activités • Requiert une implication minimale de la gestion à cause de « l'empowerment » des individus avec des vues évolutives et appropriées à chaque phase du projet • Résulte en des délais de développement plus courts et des livrables en temps

Ces paramètres sont cadrés à l'intérieur d'étapes à suivre selon une évolution de la maturité dans l'utilisation de l'IS[17]. Ils constituent des sous-objectifs à atteindre pour réussir à créer un environnement IS.

Enfin, il faut revoir les processus afin de maximiser les retombées des TER, non pas au niveau des organisations, mais plutôt au niveau du réseau d'affaires. Comme l'indiquait Pallot et Sandoval (1998), les processus des organisations parties prenantes du réseau peuvent demeurer sub-optimaux, en autant que l'inclusion au réseau soit tributaire de la démonstration d'une capacité minimale de travailler dans cet environnement. Cette vérification peut se faire en utilisant les métriques proposées dans les modèles de maturité (CMM, OPM3) ou des mesures de capacité spécifiques. Ces questions seront abordées plus en détail dans la définition du portail. Les travaux de Prasad (1996) en IS et de Pallot et Sandoval (1998) en CE serviront de référence dans la définition de la structure de processus la plus appropriée pour la construction dans le cadre d'un marché électronique. Cette dernière sera dérivée principalement des travaux d'analyse comparative de Rogerson et Morris (1999) entre différentes structures de processus manufacturiers et leur potentiel de transposition à la construction et des nouvelles structures de processus d'Evbuomwan et al (1997) basée sur les principes du *Design, Fonction, Déploiement (DFD)* et d'Atkin (1999) qui applique le concept de *« Lean Production »* à la construction.

En résumé, notre vision est que les TER servent de point de départ pour initier un nouveau modèle d'affaires à partir d'une structure de processus réinventée. Ce modèle profite à la fois des possibilités offertes par un environnement informationnel intégré dans le marché électronique et par un espace de travail accessible à partir d'un portail qui offre les fonctionnalités IS/CE requises pour supporter les nouveaux processus. Pour ce faire, il faudra rencontrer trois objectifs.

1. Maximiser les bénéfices des TER pour en faciliter l'adoption :

2. pour ce faire passer d'une démarche séquentielle à une approche parallèle;

3. et revoir la structure des processus en fonction du marché électronique et du cadre IS

---

[17] Pour plus de détails sur cette notion, voir la section 5.4.2

Maintenant que la vision est définie, les objectifs précisés et les modèles de référence pour la révision des processus établis, la prochaine étape consiste à cartographier les processus existants de la construction et identifier où se situent les zones d'amélioration.

3.1.5 L'identification des processus à être révisée

La chaîne d'approvisionnement de la construction est perçue principalement en termes de fonctions et de cycle de vie. Avant de parler de processus à réviser, il faut être en mesure de cartographier ces fonctions et ce cycle de vie sous forme de processus. Il faut ensuite identifier des paramètres pour sélectionner les processus à être révisés. Pour ce faire, cette section présentera d'abord plus en détail les fonctions et le cycle de vie de la construction décrits précédemment pour les convertir sous forme de processus.

Elle décrira ensuite deux approches pour identifier les processus à réviser, celle de Koskela (2000) qui identifie trois perspectives à considérer simultanément pour développer un modèle de processus selon les principes de l'IS et le modèle de la chaîne de valeurs développé par Porter (1985) pour cerner de façon stratégique les zones d'amélioration dans la chaîne de processus.

D'entrée de jeu, il est utile de rappeler que l'industrie de la construction possède des caractéristiques à la fois de l'artisanat et du manufacturier. Selon Zahran (1997), dans le développement de produits, le cycle d'évolution vers une approche mature orientée processus suit les grandes étapes suivantes :

- Approche intuitive ou artisanale

- Gestion du cycle de vie

- Industrialisation (développement par processus)

La construction navigue entre les niveaux 1 et 2. En effet, on s'exprime dans la construction en termes de cycle de vie et non de processus pour décrire les grandes étapes du projet. Le Tableau 4 reprend le cycle de vie en quatre grandes phases défini par Morris (1981) pour l'élaboration et la réalisation du produit de la construction. Il est ici exprimé sous forme de processus clés.

Tableau 4 : Les processus clés du projet de construction selon le cycle de vie

Phase/Processus	Description	Livrables	Responsables
Faisabilité	• Explication du projet • Études de faisabilité • Stratégie de réalisation	• Études	• Client, professionnels, consultants
Planification et conception	• Ingénierie de base • Coûts et délais • Termes et conditions contractuelles • Planification détaillée	• Plans et devis pour soumission	• Architecte • Ingénieurs • Autres spécialistes
Réalisation	• Fabrication • Livraisons • Génie civil • Montage et essais	• Bâtiment	• Entrepreneurs et fournisseurs
Mise en service	• Essais de réception • Programme d'entretien	• Systèmes du bâtiment opérationnels	• Entrepreneurs et fournisseurs

Betts et al (1999) proposent un découpage plus fin des processus basé sur le modèle de Porter (1985). Comme le souligne si justement Davenport (1993), l'objectif de la révision des processus est de maximiser la valeur : une structure de processus est une vue dynamique de comment on génère cette valeur. Michael Porter (1985) voit la génération de valeur dans le cadre de ce qu'il appelle la chaîne de valeur. On peut en voir l'illustration à la Figure 10.

C'est une approche structurée d'analyser les éléments constituant une entreprise ou un réseau d'affaires dans le but de réduire les coûts et d'augmenter la production de valeur.

```
┌──────────────────────────────────────────────────────────────┐
│                    INFRASTRUCTURE DE LA FIRME                  │
│  ACTIVITÉS         GESTION DES RESSOURCES HUMAINES          P  │
│  DE SUPPORT                                                 R  │
│                    DÉVELOPPEMENT DES TECHNOLOGIES           O  │
│                                                             F  │
│  - - - - - - - -   CONTRATS                                 I T│
│                                                                │
│  ACTIVITÉS     LOGISTIQUE OPÉRATIONS LOGISTIQUE VENTE  SERVICE │
│  PRIMAIRES     INTERNE               EXTERNE    ET            │
│                                                 MARKETING      │
└──────────────────────────────────────────────────────────────┘
```

Figure 10 : La chaîne de valeur selon Porter

Ce modèle est largement utilisé dans l'industrie manufacturière pour identifier les initiatives stratégiques. Son application s'avère particulièrement intéressante dans le domaine de la construction qui se concentre plutôt sur les aspects tactiques de la structure des processus (Allweyer *et al*, 1996).

Dans ce modèle, ce sont les activités primaires qui génèrent la valeur. Le principe moteur est de maximiser la génération de valeur dans les processus clés et de minimiser les coûts des processus de support qui ne produisent pas de valeur. Dans la révision des processus, on se concentre d'abord sur les activités primaires, car ce sont celles qui créent de la valeur. Les activités de support peuvent ensuite être modifiées en fonction de la structure révisée des processus. On fait peu pour appliquer les technologies afin de maximiser la production de valeur dans les activités primaires. Pourtant, c'est là selon Porter (1985), que l'on peut vraiment obtenir un avantage compétitif dans la révision de nos processus.

Pour la chaîne de valeur de la construction, les potentiels d'amélioration se situent aux deux niveaux :

- Dans les activités de support : ces activités sont encore réalisées en grande partie de façon fragmentée par fonctions et par technologies ce qui engendre de nombreux dédoublements et des coûts importants;

- Dans les activités primaires : l'exécution de chacune des activités se fait de façon intuitive dans un ordre séquentiel avec de nombreuses ruptures causées par l'environnement fragmenté de la conception et de la construction/fabrication.

Le groupe de l'université de Salford dirigé par Martin Betts (Betts *et al*, 1999) fait des études depuis près d'une décennie sur la transposition des meilleures pratiques des industries de référence à la construction. Ses chercheurs ont d'abord identifié des activités primaires correspondant approximativement aux phases identifiées par Morris pour ensuite ajouter quatre nouveaux processus de support : la gestion du coût, l'approvisionnement, l'exécution et l'évaluation. De ces chaînes de processus a été dérivée la représentation de la chaîne de valeur illustrée par la Figure 11et détaillée dans le Tableau 5 à la page suivante.

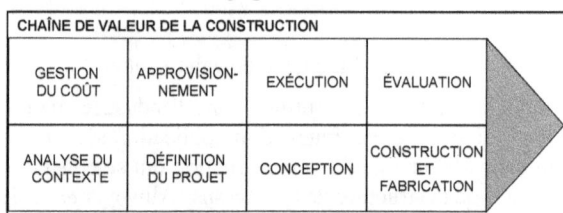

CHAÎNE DE VALEUR DE LA CONSTRUCTION				
GESTION DU COÛT	APPROVISION-NEMENT	EXÉCUTION	ÉVALUATION	
ANALYSE DU CONTEXTE	DÉFINITION DU PROJET	CONCEPTION	CONSTRUCTION ET FABRICATION	

Figure 11 : interprété de Betts et al 99

Les activités primaires expriment les processus clés de l'élaboration (analyse du contexte, définition du projet, conception) et de la réalisation du produit (construction et fabrication) qui correspondent au cycle d'approvisionnement[18]. Cependant, la chaîne de valeur détache des activités de support (gestion du coût, approvisionnement, exécution et évaluation) des activités clés.

Une particularité de la construction est que, contrairement aux activités primaires, toutes les activités de support sont de nature répétitive. Elles peuvent être systématisées, entre autres avec le recours des TI/TER. Cette représentation est particulièrement intéressante dans le cadre d'une analyse stratégique du domaine d'affaires. D'une part, elle facilite la détermination des blocages (Tableau 6) qui affectent la production de valeur dans les activités primaires et d'autre part elle aide à identifier les activités qui ne produisent pas de valeur (les activités de support).

Davenport (1993) suggère que, pour maximiser les bénéfices des TI, il faut d'abord cibler les processus clés ou activités primaires dont la révision apportera la plus grande valeur ajoutée. Pour ce faire, il faut analyser cette

---

[18] Voir figure 1; à la section 1.1.2

46

séquence de processus plus en détail pour cibler les zones d'amélioration les plus porteuses. Comme le mentionne Grilo (1996), certains facteurs environnementaux favorisent une amélioration dans le processus de réalisation. Pourtant, dans une perspective IS, la zone d'amélioration la plus porteuse est dans les processus en amont, soit à la faisabilité et à la conception. C'est ici que se prennent 85% des décisions sur ce que sera le produit. Koskela et Huovila (1997) identifient la conception comme le processus clé à réviser dans la construction, car le moins performant dans la chaîne de valeur.

Il ne faut pas oublier que le but premier de tout projet est de rencontrer ou même dépasser les besoins et attentes des parties prenantes (PMI Standard Committee 1996). Frame (1995) identifie le cycle de conversion des besoins en exigences comme le plus important et le plus négligé en gestion de projet. Il divise ce cycle en cinq grandes étapes. Elles comprennent :

- la naissance du besoin;
- son identification;
- son articulation;
- sa traduction en exigences fonctionnelles;
- sa traduction des exigences fonctionnelles en exigences techniques

Tableau 5: Processus génériques de gestion d'un projet de construction

GESTION DU COUT	GESTION DE L'APPROVISIONNEMENT	EXÉCUTION DE PROJET	EVALUATION
• Modélisation des coûts • Planning des coûts • Estimation • Rapports de coûts • Prévisions • Gestion des contingences • Gestion du coût global • Gestion de la valeur	• Options et stratégies • Approvisionnement des composantes standards • Usage des fournisseurs privilégiés • Administration de contrat • Préparation du contrat	• Planning de l'évaluation de projet • Programmation • Mesure de l'avancement • Gestion du risque • Santé et sécurité • Gestion de l'échéancier	• Évaluation du risque • Évaluation des options • Prototypage en 3D • Test et faisabilité • Évaluation de la performance • Rétroaction
ANALYSE DU CONTEXTE D'AFFAIRES	DÉFINITION DU PROJET	CONCEPTION	CONSTRUCTION ET FABRICATION
• Analyse de la clientèle • Analyse des besoins d'affaires • Business Case	• Définition des besoins • Définition du contenu • Formation de l'équipe de consultants	• Analyse de conception • Synthèse de conception • Évaluation de la conception • Décision • Revue de la conception • Production des livrables de la conception • Normes de conception • Gestion de l'expérience • Conception pour fabrication	• Approvisionnement en ressources • Mobilisation • Réalisation • Gestion du matériel • Logistique des entrepreneurs spécialisés • Surveillance

Tableau 6 : Zones d'amélioration et potentiels

PROCESSUS GÉNÉRIQUES DE GESTION D'UN PROJET DE CONSTRUCTION [1]

PROCESSUS CLES

ANALYSE DU CONTEXTE D'AFFAIRES	DEFINITION DU PROJET	CONCEPTION	CONSTRUCTION ET FABRICATION
• Analyse de la clientèle	• Définition des besoins	• Analyse de conception	• Approvisionnement en ressources
• Analyse des besoins d'affaires	• Définition du contenu	• Synthèse de conception	• Mobilisation
• Business Case	• Formation de l'équipe de consultant	• Evaluation de la conception	• Réalisation
		• Décision	• Gestion du matériel
		• Revue de la conception	• Logistique des entrepreneurs spécialisés
		• Production des livrables de la conception	• Surveillance
		• Normes de conception	
		• Gestion de l'expérience	
		• Conception pour fabrication	

PROCESSUS DE SUPPORT

GESTION DU COUT	GESTION DE L'APPROVISIONNEMENT	EXECUTION DE PROJET	EVALUATION
• Modélisation des coûts	• Options et stratégies	• Planning de l'évaluation de projet	• Évaluation du risque
• Planning des coûts	• Approvisionnement des composantes standards	• Programmation	• Évaluation des options
• Estimation	• Usage des fournisseurs privilégiés	• Mesure de l'avancement	• Prototypage en 3D
• Rapports de coûts	• Administration de contrat	• Gestion du risque	• Test et faisabilité
• Prévisions	• Préparation du contrat	• Santé et sécurité	• Évaluation de la performance
• Gestion des contingences		• Gestion de l'échéancier	• Rétroaction
• Gestion du coût global			
• Gestion de la valeur			

---

[1] Strategic management of IT in construction, Martin Bets & all Blacwell Science 1999

Koskela et Huovila (1997) suggèrent de revoir le processus de conception en adoptant cette fois une vue simultanée de transformation du besoin en produit selon trois perspectives : celle de conversion que nous venons d'aborder et qui doit être grandement améliorée à laquelle on ajoute celles de flot (d'information) et de génération de valeurs.

Le flot se concentre sur ce qui arrive à l'information en conception (Turz, 1999c). On retrouve dans un processus de conversion traditionnel quatre étapes dans la transformation d'une pièce d'information : conversion, attente, déplacement et inspection.

Dans la philosophie IS, les trois dernières sont considérées comme de la perte et des actions correctives. Elles doivent être éliminées pour assurer un flot continu dans la conversion de l'information en connaissance. Le concept de génération de valeur s'appuie sur la valeur générée par chaque processus ou activité pour son client. Les processus ou activités qui ne créent pas de valeur doivent être réduits au minimum ou éliminés et ceux créant de la valeur optimisés. Pour cibler les processus à réviser, on peut dériver l'approche suivante:

- définir comment se réalise la conversion du besoin en exigences et finalement en produits;
- établir comment se développe le flot d'information pour la réalisation du produit;
- identifier les activités qui génèrent de la valeur;
- cerner les zones d'amélioration et identifier les blocages.

Cette nouvelle perspective enrichit le modèle de chaînes de valeurs de la Figure 11. En le combinant au Tableau 6 définissant les zones d'amélioration aux activités primaires, il est alors possible de :

- décrire dans un cadre structuré quels sont les processus associés à la conversion;
- d'identifier quels sont les nœuds de nuisance au flot d'information (les blocages) et les principaux agents impliqués dans la transformation de l'information en connaissance (acteurs);
- de cerner les processus qui génèrent de la valeur (les activités primaires) et d'identifier les processus sans valeur ajoutée à réduire ou à éliminer (les activités de support);

50

- de faciliter l'identification des leviers technologiques pour supporter les processus.

Le Tableau 7 résume les principes moteurs, les méthodes et pratiques pour les trois perspectives.

Tableau 7 : Perspectives de transformation du besoin en produit

	Conversion	Flot	Valeur
Conceptualisation	Conversion des exigences en produit	Flot d'information : conversion, attente, déplacer et inspecter	valeur générée dans la rencontre des exigences
Principes moteurs	Découpage hiérarchique; contrôle et optimisation des activités décomposées	Élimination du « waste » activités inutiles; réduction du temps	Élimination des pertes en valeur (écart entre valeur réalisée et meilleure valeur possible)
Méthodes et pratiques	SDP, CPM, RAM	Réduction rapide de l'incertitude; approche d'équipe; outils d'intégration;partnering	Analyse rigoureuse des exigences; gestion systématisé du *flow-down* des exigences; optimisation
Contribution	Ce qui est à faire	Éliminer l'inutile	Rencontrer les exigences de la meilleure manière

Tiré de Koskela et Huovila (1997)

La chaîne de valeur en construction est maintenant mieux définie et ses processus clés identifiés. On s'entend aussi pour dire qu'il existe un consensus qui affirme que la conception est le processus avec le plus grand potentiel d'amélioration. Après avoir validé cette assertion en fonction des mesures des processus, celle-ci sera revue en détail pour bien en saisir les mécanismes selon d'une part la perspective traditionnelle de conversion et d'autre part, celles de flot et de génération de valeurs. Les recherches sur des propositions de révision de ce processus seront aussi présentées.

3.1.6 La compréhension et la mesure des processus existants

Cette étape consiste à détailler le ou les processus ciblés pour en comprendre le fonctionnement, identifier les zones d'améliorations et proposer des stratégies d'optimisation. Certaines métriques permettent de positionner la performance des processus de l'industrie face à d'autres. Contrairement au manufacturier, la mesure de la performance en construction demeure marginale. Cependant, certains chercheurs ont fait des comparaisons ou « *benchmarking* » de l'industrie de la construction avec des industries similaires. Betts et al (1997) ont comparé les meilleures pratiques d'industries possédant des caractéristiques similaires (l'automobile et la construction navale), Storer (1997) s'est intéressé à mesurer les processus de la construction en fonction du concept de *Lean Production*. Il constate en termes de productivité un retard considérable: 15% des efforts consacrés aux actions correctives; 10% de perte en matériel; un mauvais contrôle de la production et; une productivité de la main d'œuvre d'à peine 40% comparativement au manufacturier.

Rogerson et Morris (1999) ont attribué une grande partie de la source de ce retard à l'efficacité du processus de conception. En moyenne les professionnels consacrent 50% de leur temps à refaire ou à corriger leur conception, ce qui ajoute de ½ à 1½ cycle au processus. De plus, une grande partie des actions correctives en construction découlent d'une mauvaise coordination durant la conception, de dessins incomplets ou erronés. Enfin dans la performance à rencontrer les objectifs, quelques 66% des projets dépassent leurs coûts et 75% leurs délais (Nicolini, Holti et Smalley, 1999). En moyenne, le coût des actions correctives des projets considérés comme des succès est de 5 à 8% du coût du projet (Rogerson et Morris, 1999). La moyenne pour l'industrie se situe à 15% (Jamieson, 1997).

Koskela et Huovila (1997) ont identifié la source du problème au fait que la conversion dans un mode séquentiel fragmenté oblige à considérer les activités d'actions correctives dans le processus de construction comme allant de soi. Ce développement non contrôlé de la conversion lors de la conception entraîne les dérapages dont il vient d'être fait mention.

Pourquoi alors que les pratiques actuelles, telles que décrites par la Figure 12, n'ont pas été revues, comme il s'est produit dans l'ensemble du manufacturier.

Pour une raison très simple. Elles sont dictées par les ordres professionnels qui ont les ont enchâssés dans un cadre contractuel prédéfini et institutionnalisé par le gouvernement, au Québec par le biais de l'Office des professions.

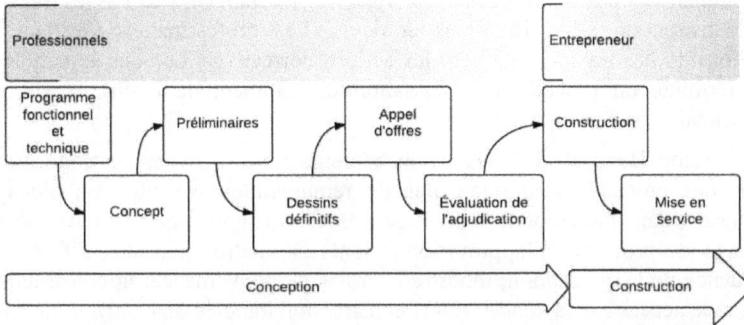

Figure 12 : Structure traditionnelle des processus de conception

Selon cette structure, le leader de la conception, l'architecte, se voit attribué la gouvernance du processus de conception. Il a aussi la responsabilité de s'assurer lors de la construction que ses plans et devis sont respectés et de faire les ajustements nécessaires pour compléter les informations manquantes en plus de corriger les erreurs et les omissions. Les processus de conception et de construction comprennent une séquence d'activités dont l'extrant constitue l'intrant requis de la prochaine activité.

Dans le programme fonctionnel et technique, il transcrit les besoins exprimés par le client d'abord sous forme d'exigences fonctionnelles (types de locaux, superficies, caractéristiques) puis sous la forme d'exigences techniques (performance de l'enveloppe, capacité électrique et d'éclairage et autres). Dans le concept, ces exigences sont traduites sous forme graphique dans un diagramme ou une esquisse où sont illustrées les interrelations entre les espaces et la disposition des locaux. Lorsque le concept est entériné par le client, les architectes préparent les dessins préliminaires. Ces dessins présentent les choix constructifs, l'organisation des espaces ainsi que des élévations et perspectives illustrant l'apparence future du bâtiment.

Après l'acceptation des préliminaires, les professionnels réalisent les dessins définitifs et devis pour l'exécution. Ces dessins fournissent l'ensemble de l'information sur le produit. Les dessins et devis sont intégrés au document d'appel d'offres pour la demande de propositions de la part des entrepreneurs en construction. L'architecte fait l'évaluation des offres et fait une recommandation pour l'adjudication. Enfin, l'entrepreneur exécute les travaux de construction selon les plans et devis. Les professionnels vérifient la conformité des travaux et gèrent les actions correctives. Lorsque le bâtiment est terminé, on procède à la passation du bâtiment de l'entrepreneur au propriétaire et sa mise en service.

Selon Betts et al (1999), l'enchâssement des activités de conception dans des procédures contractuelles de rémunération constitue un blocage important dans l'amélioration de ce processus. La rigidité de ce cadre a forcé l'usage de processus d'approvisionnements alternatifs qui, sans affecter la séquence de la conception, modifie les rôles de gouvernance: la construction en mode accéléré et la conception et construction intégrée ou « design-built ».

Dans le mode traditionnel de réalisation, le processus d'approvisionnement se déroule comme suit : le client engage d'abord les professionnels pour élaborer les plans et devis et diriger le processus d'appel d'offres; il engage ensuite l'entrepreneur pour construire. En mode accéléré, le client engage un gérant de construction qui organise le projet en lots principaux attribués à des entrepreneurs spécialisés. Le rôle des professionnels et la séquence de conception restent les mêmes, à la différence qu'ils doivent émettre au fur et à mesure de l'élaboration des dessins définitifs une série de dessins et devis pour construction suivant la séquence d'intervention des spécialités (excavation, structure, enveloppe…). Dans ce cas, les activités de conception et de construction se chevauchent[19].

Par exemple, après avoir réalisé les dessins pour le lot d'excavation, les travaux débutent et les professionnels s'engagent dans l'élaboration des dessins pour le prochain lot, celui de la structure. En conception et construction intégrée, le client engage un intégrateur c'est-à-dire un entrepreneur qui a la responsabilité de gérer les processus de conception et de construction. Les professionnels travaillent non plus pour le client, mais pour l'intégrateur. On dit que le projet est imparti sous forme de clé en main.

---

[19] Voir figure 5, section 1.3.1

Quel que soit le mode de réalisation choisi, les tares du processus de conception demeurent. On pourrait même dire qu'elles s'accentuent. Examinons les sous la perspective de la conversion : On peut mesurer la qualité et l'efficacité de la conversion en termes de pertes dans :

- la gestion de la conception : les pertes dues à une mauvaise gestion du flot d'information qui créent des attentes, des déplacements et de l'inspection;

- la gestion des exigences : les pertes engendrées par les actions correctives dues à une mauvaise traduction des besoins en exigences ou à des erreurs ou omissions de conception.

La conception d'un bâtiment est un processus qui a augmenté considérablement en complexité depuis l'instauration du cadre de pratique des architectes. Pourtant ce cadre n'a pas évolué pour adresser cette complexité. De plus, on demande que les délais de réalisation et les coûts soient de plus en plus réduits. Il s'ensuit que ces professionnels ne maîtrisent plus ce processus, même s'ils assument encore le rôle de gouvernance : coordonner le travail de divers professionnels et spécialistes de la conception (ingénieurs, arpenteurs et autres) pour assurer la transformation des besoins en exigences, puis en une représentation graphique du produit fini. Dans la plupart des cas, la conception est gérée sans procédures systématiques de travail et en l'absence d'outils appropriés (Kahkonen et Huovila, 1999). Et pour cause:

- il y a de plus en plus d'intervenants, d'activités, de flots d'information et de processus : l'architecte n'est pas équipé pour gérer un processus de conception comprenant la collaboration d'intervenants multiples;

- les concepteurs spécialisés ont besoin d'intrants des concepteurs en amont : ceci demande un séquencement précis des activités et des données de départ correctes.

Le leader de la conception (l'architecte) n'a ni la formation ni l'expertise des différents domaines impliqués et ne dispose pas des outils appropriés pour la planification des délais et la gestion de la conception (Atkin, 1999a). Par exemple, au lieu de découper la conception en composantes pour en faciliter le partage entre les différents intervenants, la pratique séculaire est de fournir des lots d'information génériques livrés à la fin de chaque activité (esquisses, préliminaires et dessins définitifs).

Il s'ensuit que les autres professionnels doivent attendre la fin d'une activité pour recevoir les intrants nécessaires à leur travail. C'est à ce moment que de nombreuses itérations et actions correctives sont nécessaires pour ajuster des dessins les basées sur des données de départ (exigences) souvent devinées ou interprétées. Il s'ensuit que les autres concepteurs doivent développer leur conception en fonction d'informations approximatives dans une séquence ambiguë d'activités et de livrables.

En conclusion, l'ordonnancement erratique des activités et les données de départ déficientes entraînent un processus de conception dirigé par les perspectives individuelles des différentes spécialités plutôt que par le développement d'un concept homogène du produit à réaliser. Il se perd un temps considérable en itérations et en actions correctives et le résultat est un document d'appel d'offres incomplet et truffé d'erreurs qui seront corrigés à grands frais durant la construction.

La situation se détériore encore plus lorsque pour réduire le temps de réalisation, on choisit d'utiliser la construction en mode accéléré. La réalisation par lots de travail, si elle suit la logique de construction, est complètement à l'opposé du processus séquentiel de conception. Puisque le bâtiment commence à être réalisé avant que sa conception, c'est-à-dire que la traduction des besoins en exigences puis en représentation sous forme de dessins, soit terminée. Puisque les contraintes de conception ne sont pas établies au départ entre les professionnels, plusieurs décisions de conception sont prises en cours de réalisation et demandent des actions correctives sur des éléments déjà construits. Il s'ensuit des coûts supplémentaires importants de coordination de la conception et de la réalisation ainsi qu'un accroissement substantiel d'actions correctives durant la construction pour pallier aux erreurs de coordination entraînées par une telle démarche. Un exemple typique est le projet du musée des civilisations à Hull, où des planchers ont été démolis durant la construction pour accommoder des changements dans le concept des aménagements.

Les modes de réalisation traditionnels et en mode accéléré ont en commun que le processus de conception est centré autour de l'architecte. Ceci a comme conséquence que le constructeur et l'usager ne réalisent pas leur importance dans ce processus et n'y investissent pas les ressources suffisantes pour réaliser les activités qui les concernent, telle la prise de décision (Baldwin et al, 1995).

La formule de conception et construction intégrée ou « *design/built* » décrite plus haut semble résoudre ces lacunes en transférant la responsabilité de la conception et de la construction à un entrepreneur qui a un rôle de gestion globale de gestion de la conception et de la construction. Cependant, ces intégrateurs ne possèdent pas l'expertise pour faire la gestion de la conception et des exigences. Ils la délèguent aux professionnels. L'élaboration du produit se fait dans un cadre similaire au mode de réalisation en accéléré à la différence que le constructeur gère en amont le choix des solutions constructives les plus avantageuses pour d'abord maximiser ses profits et seulement ensuite répondre aux besoins du client. Cette dernière formule demeure toutefois la plus prometteuse. En effet, elle est similaire à plusieurs points de vue au secteur manufacturier et offre le meilleur potentiel d'une intégration rationnelle de la conception et de la construction comme un processus manufacturier (Sako, 1992). De plus, elle offre une structure de gouvernance avec un nœud fort (l'intégrateur) qui englobe l'ensemble du cycle de développement du produit.

S'il est clair que la gestion du processus de conception est loin d'être maîtrisée, quand est-il de la gestion des exigences. Nous avons décrit plus haut le cycle de vie de la traduction du besoin en exigences. La gestion des exigences consiste à s'assurer que les besoins et les attentes du client sont connus (qualité) et que la solution rencontre ces exigences (conformité) (Stevens et Martin 2001).

L'établissement des besoins et exigences en construction est souvent ardu, d'abord parce que les clients peuvent être nombreux et sont souvent mal identifiés, ensuite parce qu'il est aussi difficile de consolider les exigences individuelles en un tout cohérent, enfin parce que les parties prenantes changent durant le cycle de vie, ce qui rend encore plus ardu le maintien de la cohérence dans la gestion des exigences. Seren (1997) aborde spécifiquement cette problématique dans la construction. Il s'intéresse plus particulièrement à la traduction des différentes catégories d'exigences (usagers, fonctionnelle et performance) en solutions techniques. Selon lui, les pratiques courantes font que les besoins des clients ne sont pas suffisamment étudiés et considérés. La conversion des besoins en exigences, même définie, n'est pas suffisamment documentée (manque de traçabilité). Qui plus est, les exigences essentielles sont souvent exclues ou oubliées dans le processus d'itération des coûts et on n'en réalise pas les conséquences sur le produit final. Enfin, la conformité des solutions techniques aux exigences n'est pas systématiquement gérée.

En résumé, la gestion du processus de la conception et de la gestion des exigences par l'architecte comporte des lacunes importantes. D'une part la conversion des besoins en exigences et la vérification de leur conformité n'est pas gérée de façon systématique. D'autre part, le flot d'information entre les différents concepteurs n'est pas organisé : le leader de la conception produit un lot de documents techniques à partir duquel les autres concepteurs doivent tant bien que mal extraire les données relatives à leur spécialité. Enfin, l'exercice d'optimisation pour la génération de la valeur demeure erratique et fragmentaire : on utilisera dans quelques cas un exercice ponctuel d'analyse de la valeur, habituellement utilisée pour réduire les écarts de coûts entre les budgets et les estimés.

Quelles sont les solutions à tous ces maux?

Allwayer et al (1996) suggèrent d'intégrer la conception et la construction en un seul processus avant de revoir les façons de faire. Koskela et Huovila (1997) proposent une série de solutions empruntées de l'application de l'IS dans le manufacturier pour améliorer le processus de conception. La conversion pourrait ainsi être optimisée et l'incertitude liée à l'information qui manque ou instable réduite :

- par une définition systématique du contenu selon des fonctions et critères;

- par une optimisation du découpage et de la séquence des tâches pour minimiser les itérations;

- en considérant simultanément toutes les phases du cycle de vie lors de la définition du projet pour éviter des actions correctives et des itérations de re-conception dues aux contraintes décelées à des étapes subséquentes;

- en ayant recours aux TI pour faire du prototypage, des simulations ou autres pour réduire les incertitudes technologiques;

- en établissant en amont les contraintes techniques de conception, et;

- en réduisant les erreurs par une gestion de la qualité.

L'amélioration du flot requiert l'élimination de la hiérarchie fonctionnelle entre professionnels (architectes, ingénieurs et spécialistes) et celle entre professionnels et constructeur (entrepreneur, entrepreneurs spécialisés et fournisseurs). Elle exige la réduction de l'envergure des lots d'information entre spécialités en offrant un découpage par composantes plutôt que par activités[20] et un tracé du flot de conception pour réduire les pertes occasionnées par les attentes. On doit de plus éliminer les tâches sans valeur ajoutée et normaliser les structures d'information pour faciliter les interfaces entre les systèmes d'information et maximiser la génération de la valeur.

Dans le domaine manufacturier, on réussit à surmonter plusieurs des difficultés énumérées par le recours à une modélisation de la conversion en utilisant la technique du *Qualité Fonction Déploiement* ou QFD ou sa variante le *Design Fonction Déploiement* ou DFD (Evbuomwan 1995). Cette technique propose une gestion systématique de la conversion pour s'assurer que les exigences soient bien définies et que la conception soit réalisée avec un minimum de perte ou un maximum de valeur. On utilise aussi le concept de « *Lean Production* » et son pendant « *Lean Construction* » (Alarcon et al, 1997) axé sur la génération de valeur et qui se concentre sur une élimination systématique des pertes ou actions correctives.

Deux groupes de chercheurs ont élaboré des propositions de révision de la chaîne de processus en considérant une ou plusieurs de ces perspectives. Les deux adoptent un contexte de réalisation en conception/construction intégrée dans l'optique de pouvoir superposer les activités de conception et de construction. L'équipe de Evbuomwan et Anumba (1996) a appliqué le concept de l'IS de la DFD pour réviser les processus. Un groupe de chercheurs en collaboration avec l'industrie suédoise (Atkin, 1999b), propose une transposition des meilleures pratiques manufacturières du « *Lean Production* »

---

[20] La pratique actuelle est que l'architecte produit ses dessins en lots complets aux autres concepteurs (préliminaires, définitifs à 33%, 66%) plutôt que de découper sa conception en composantes qui puissent être étudiées simultanément par les différentes parties prenantes à la conception.

dans une structure de processus de construction renouvelée. La Figure 13 illustre le séquencement d'activités proposé par Evbuomwan et Anumba.

Il se distingue de la pratique courante de conception/construction intégrée au niveau de la traduction des besoins en exigences et de l'utilisation de méthodes de gestion concurrente de la conception détaillée selon les principes de DFD.

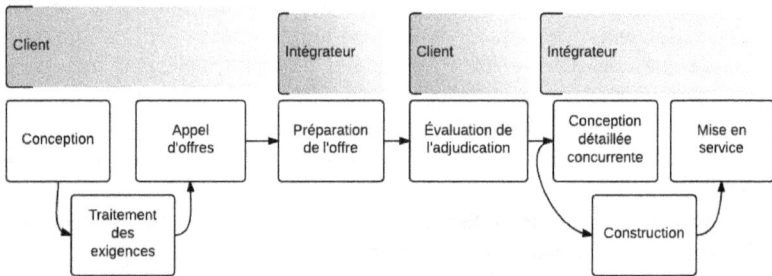

Figure 13 : Structure des processus révisée 1

Le flot de processus se distingue du flot présenté à la Figure 12 comme suit :

- La conception n'est pas ici un exercice de traduction sous forme graphique d'un énoncé des besoins, mais plutôt l'établissement d'une liste de caractéristiques-clés devant non seulement guider le développement des exigences en fonction de critères précis, mais encore à servir de référentiel pour le développement des exigences.

- Le traitement des exigences consiste en la traduction des caractéristiques en critères et fonctions. Ces exigences décrivent la performance recherchée.

- La préparation de l'offre est la traduction en concept des exigences de performance décrites dans l'appel d'offres. Elle est réalisée par une équipe multidisciplinaire comprenant les professionnels, les entrepreneurs et les fournisseurs.

- L'adjudication se fait en fonction de la solution qui rencontre d'abord le mieux les exigences avant d'offrir le meilleur coût. Elle se fait en fonction de la valeur générée.

- La conception détaillée est réalisée aussi par des équipes multidisciplinaires pour produire les dessins définitifs qui serviront la construction.

Dans l'approche traditionnelle de conception et construction intégrées, il incombe à l'architecte de traduire les besoins du client en concept architectural et en devis de performance. Ces documents seront le référentiel dans l'appel d'offres pour évaluer la proposition de l'intégrateur. En plus des problèmes énoncés plus haut, du fait que l'architecte maintient sa gouvernance dans les activités de conception, cette approche supportée par les ordres professionnels, comporte des lacunes importantes dans la conversion efficace des besoins en exigences. En effet, les exigences sont interprétées dans le concept architectural du professionnel et ne décrivent pas l'objet, les attentes et les exigences des parties prenantes. Le client, de son côté, ne peut profiter entièrement de la capacité et des connaissances de l'entrepreneur/intégrateur pour générer la solution qui répondra le mieux au besoin, car le choix de l'intégrateur se fait en fonction d'un seul paramètre, le coût le plus bas, ce qui est loin de garantir la meilleure valeur. Au surplus, à cause des nombreux flous laissés par une interprétation qualitative, imprécise et teintée par une interprétation architecturale des besoins, le client n'est même pas en mesure de juger de la valeur de la proposition. Il réalise au fur et à mesure que la solution de l'intégrateur se précise que celle-ci doit être ajustée. Les actions correctives, suite aux ajustements post adjudication, s'avèrent souvent très coûteuses et le produit peut être insatisfaisant.

Par contre, la structure de processus révisée illustrée à la Figure 13 offre de nombreux avantages. Elle amène une conformité aux exigences, qui ne se font pas en fonction d'un concept architectural et de spécifications générales, mais plutôt selon des fonctions et des critères traduisant de façon précise les besoins. De plus, elle suscite une implication soutenue, systématique et intégrée de l'ensemble des parties prenantes cadrée par les principes de DFD dans tout le processus de conception avec une sélection de l'intégrateur non en fonction de coût, mais selon la valeur générée mesurée avec des critères précis. Ces critères serviront de point de contrôle tout le long de la conception détaillée et de la construction.

Cependant, Betts et al (1999) ont indiqué que l'inexpérience du client constitue un blocage important dans la révision des processus. Celui-ci n'a pas la compétence pour réaliser un énoncé des besoins, encore moins de définir des exigences selon les outils et techniques préconisés dans la DFD pour la production d'exigences neutres. Plusieurs experts se sont penchés sur différentes solutions telles l'utilisation d'un système expert pour assister le client dans la définition des exigences (Anumba et al, 1999).

La deuxième structure de processus proposée (Atkin, 1999), illustrée par la Figure 14 vise l'élimination systématique de tout ce qui génère des pertes en temps, en argent ou en équipement. Elle est construite en fonction des quatre facteurs majeurs de changements dans les paradigmes traditionnels :

- gérer les exigences du client (conversion);
- intégrer la conception et la construction en un seul processus (flot d'information);
- Gérer la chaîne de valeur (génération de valeur);
- Faire de la gestion totale de projet (intégration des trois perspectives).

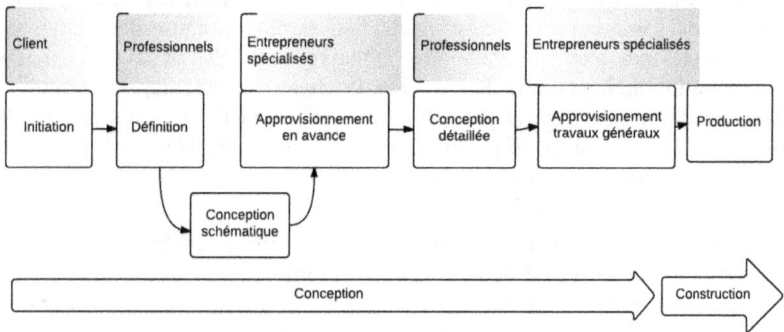

Figure 14 : Structure des processus révisée 2

Tiré de Atkin (1999b)

Ce modèle de processus a été réalisé spécifiquement pour un entrepreneur/intégrateur spécialisé dans la construction résidentielle. Ceci explique le fait qu'il n'y ait pas d'activité prévue pour la préparation de l'offre.

Le flot de processus se caractérise ainsi :

- Les processus d'initiation, de définition et de conception schématique correspondent aux processus de programme fonctionnel et technique (PFT), de concept et de préliminaires décrits à la Figure 12.

- L'approvisionnement en avance amène en amont la connaissance de construction. Celle-ci contribue à préciser la conception détaillée (Dessins définitifs Figure 12), à accélérer les prises de décision et à définir la chaîne d'approvisionnement (manufacturier et site) pour l'exécution des travaux.

- L'approvisionnement des travaux généraux est le processus d'administration de la chaîne d'approvisionnement de construction.

Cette chaîne de processus offre plusieurs avantages : Elle amène la connaissance de construction en amont, réduisant considérablement le nombre d'itérations dans la conception détaillée et les actions correctives durant la construction; elle favorise la collaboration dans la conception entre entrepreneurs et professionnels et elle ne bouleverse pas les pratiques professionnelles traditionnelles. L'intérêt principal de ce modèle de chaîne de processus est qu'il a été testé sous forme de prototype et les gains en termes de diminution de délais de conception sont mesurés. Les résultats sont étonnants : on parle d'une réduction du cycle de conception de près de 85%. Il faut dire que la construction résidentielle s'avère beaucoup plus simple à systématiser : le choix de solutions constructives et d'assemblages est plus limité que dans la construction commerciale et institutionnelle. De plus, l'industrie suédoise possède une forte avance dans l'intégration et l'automatisation des processus de conception et de construction ainsi que dans la préfabrication. Enfin, les architectes suédois ont mieux intégré les outils de modélisation et utilisent à plus grande échelle la préfabrication des composantes de construction (Rivard, 2000).

Il faut retenir de cette structure qu'une activité impliquant les spécialistes de la construction (entrepreneurs spécialisés et fournisseurs) est créée en amont de la conception détaillée après que les concepteurs ont défini les grands paramètres décrivant le futur bâtiment. Les spécialistes valident le choix des solutions constructives préparées par les concepteurs en fonction de leur constructibilité, de la séquence de production sur le chantier et de l'accroissement de la portion des composantes réalisés en usine (la productivité en usine est plus que le double de celle du chantier). Il ressort de ces deux modèles :

- L'intérêt du modèle d'Atkin est d'amener en amont la participation des entrepreneurs spécialisés dans la conception. Il demande aussi peu de modifications aux pratiques actuelles de l'industrie. Son désavantage est de laisser au leader de conception la maîtrise des choix constructifs en fonction de son interprétation des besoins.

- La force du modèle d'Evbuomwan et Anumba (1997) est de créer un lien sans intermédiaires entre le client et le contractant ou intégrateur. Dans le processus de conversion, l'un détient la gouvernance de la gestion des exigences, l'autre la gestion des solutions techniques. La difficulté réside ici dans la capacité du client à s'engager dans ce rôle (on se souviendra qu'un blocage important provient du fait que le client est inexpérimenté) et la capacité de l'intégrateur à jouer un rôle proactif dans la recherche des meilleures solutions[21].

- Dans les deux cas, les processus de conception et de construction sont fusionnés et les processus de gestion des coûts, d'approvisionnement, d'exécution et d'évaluation sont réduits. Les entrepreneurs spécialisés et les professionnels ont une relation contractuelle de partenariat et non de confrontation. La gestion des exigences est intégrée dans la modélisation du flot d'information. L'organisation du travail en chaîne de processus permet l'utilisation de l'étalonnage ou« *benchmarking* » ce qui simplifie l'évaluation.

---

[21] Nicolini, Holti et Smalley (1999) ont identifié cette difficulté lors de l'expérimentation d'une approche de conception organisée par composantes ou « cluster ». Les entrepreneurs ont tendance à attendre les instructions des professionnels plutôt que de prendre une attitude proactive.

Cependant, dans les deux cas, le rôle des TI/TER n'est défini qu'après que la nouvelle structure de processus soit mise en place. Avec les opportunités nouvelles offertes par les TI/TER, n'y aurait-il pas lieu de leur donner un rôle dans la révision de ces processus?

La prochaine section abordera la stratégie TI des deux modèles pour ensuite proposer une structure de processus dérivée des caractéristiques nouvelles du marché électronique auquel le portail donne accès.

3.1.7 L'identification des leviers TI qui vont aider à supporter les changements

> « *The role of IT in shaping tomorrow's business operations is a distinctive one, It has become a fundamental enabler in creating and maintaining a flexible business network* » *(Venkatraman, 1994)*

Comme nous l'avons vu, le rôle premier des professionnels de la construction est de transformer des données en information définissant les spécifications et les assemblages des différentes composantes qui constitueront le bâtiment. Or le développement des applications TI/TER, au lieu de réduire les impacts de la fragmentation de cette industrie, l'exarcèbe en proposant des solutions distinctes par fonction ou selon le cycle de vie. Par exemple, le répertoire des logiciels du « *Construction Industry Computing Association* » contient au-dessus de 1 700 différentes solutions logicielles, la plupart visant à l'automatisation de tâches de conception ou de construction. Peu d'entre elles suggèrent un effort d'intégration avec les autres applications (CICA1997).

Les TI/TER ont été utilisées jusqu'ici comme leviers pour supporter les nouveaux processus, Elles servent à maximiser la production de valeur dans les activités primaires et réduire les coûts des activités de support par l'automatisation des tâches répétitives. C'est l'approche retenue par Betts et al (1999)[22] dans la réingénierie des processus de la construction. Atkins (1999b) considère aussi les TI comme leviers dans la structure de processus qu'il propose à la Figure 14. Dans ce cas, le choix des technologies s'est fait en fonction de la structure révisée des processus. Toutefois, l'environnement

---

[22] Voir l'énoncé de ces technologies au tableau 6 de la section 3.1.5

d'élaboration et réalisation intégrée offerte par la compagnie a facilité une approche plus systémique des solutions TI/TER.

La technologie peut non seulement agir comme levier, mais aussi comme facilitateur pour la conception des nouveaux processus (Figure 15). C'est ce que suggère Davenport (1993) qui propose de maximiser l'apport des TI/TER dans la conception de nouveaux processus en plaçant les technologies en amont et non en aval de la révision des processus.

CONCEPTION DE NOUVEAUX PROCESSUS

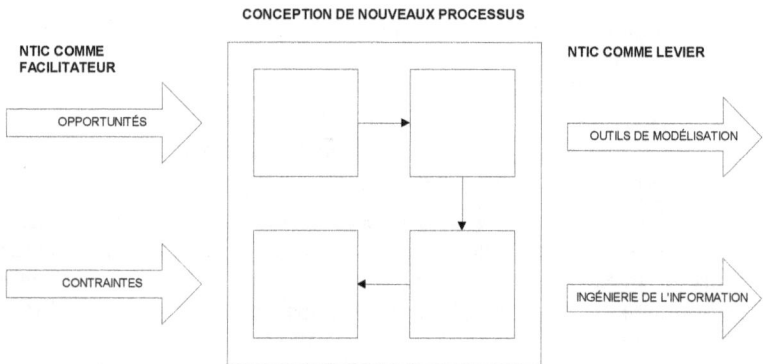

Figure 15 : Conception des nouveaux processus

Le choix des technologies se fait en fonction de leur valeur ajoutée. Par exemple, on peut penser que, pour la structure de processus illustrée à la Figure 13, on utilise non seulement les TI/TER comme leviers, mais encore comme facilitateurs ayant servi à la conception des nouveaux processus. Ici, les processus de traitement des exigences et de conception détaillée concurrente sont construits à partir d'un environnement intégré d'information et de connaissances qui alimente les divers outils et méthodes d'IS supportant ces processus. La conception du traitement des exigences nécessite entre autres une base de connaissances offrant l'information sous forme de données, d'exemples similaires ou de modèles de produit (Vanier, Lacasse et Parsons, 1999).

66

Tableau 8: État des recherches sur un environnement intégré

	BUT	APPROCHE	STATUT
COMBINE	Développer un système intégré opérationnel de conception du bâtiment	BD OO centralisée	Abandonné
ICON	Évaluer la faisabilité d'une BD intégrée en construction	BD OO centralisée	Prototype de recherche
OSCON	Démontrer l'utilité d'intégrer l'information dans une BD intégrée	BD OO centralisée	Prototype de recherche
SPACE	Développer un prototype d'environnement intégré	BD OO centralisée	Prototype de recherche
COMMIT	Réussir l'intégration avec un système d'information	BD OO distribuée	Prototype de recherche
ToCEE	Développer un système d'échange d'information intégrée dans un environnement d'IS	BD OO centralisée	Prototype de recherche
WISPER	Développer un environnement intégré Web construit sur les IFC	BD OO centralisée	Prototype de recherche

La dernière approche consiste à utiliser la technologie comme initiatrice des nouveaux processus dans la construction, elle s'est traduite par de nombreuses recherches pour développer un système intégré d'information (Tableau 8). Selon certains, de nombreuses opportunités existent pour réussir des améliorations dramatiques dans la performance en productivité et en qualité lorsque l'élément crucial de l'intégration de l'information aura été réussi (McDonagh, 1995). Malgré le grand nombre de recherches dans la création d'un système intégré (Amor et Anumba, 1999), aucune n'a vraiment porté fruit.

Chose surprenante, toutes ces recherches ont été réalisées autour d'une technologie prometteuse, mais qui n'a pas vraiment percée –les bases de données orientées objet (BD OO) – et leur impact sur les processus d'affaires n'a pas été véritablement exploré. De plus, Turz (1999b) a émis de sérieuses mises en garde vis-à-vis ces tentatives de modélisation de l'information de construction. Selon lui, le processus de conception en construction possède des particularités dans le traitement des données qui ne sont pas comprises par les ingénieurs de l'information. C'est pourquoi, malgré l'ampleur des recherches internationales pour créer des architectures ou modèles informatiques pouvant supporter les processus de construction, aucune « application tueuse » n'a vraiment bouleversé le marché. Enfin, on ne s'est que peu interrogé sur les véritables opportunités qu'offrait le nouvel environnement d'affaires virtuel.

Pourtant l'industrie manufacturière a compris très tôt le potentiel qu'offrait la création d'entreprises virtuelles (EV) pour décupler les bénéfices de l'IS dans l'élaboration de produits, que ce soit par l'entremise de l'EDI ou du portail électronique (Erkes 1997). Les potentiels de TI/TER ont donné lieu à une littérature abondante (Kalakota, 1999; Cingil, Dogac, Tatbul et Arpinar, 1999; Tapscott, Ticoll et Lowy, 1999) sur comment réinventer les processus et par la même occasion modéliser de nouveaux réseaux d'affaires virtuels qui bénéficient des opportunités de faire tomber les barrières géographiques qui limitent les choix et les capacités de transaction. Kalakota (2000) qualifie ce nouvel environnement de « *e-business* ». Il le définit en ces termes :

> « *Le e-business est la fusion complexe des processus d'affaires, des applications entreprises, et de la structure organisationnelle, nécessaire à la création d'un modèle d'affaires de haute performance* »

Il soutient que le « *e-business* » remet en question tous les cadres traditionnels de la gestion des affaires et de la gestion des systèmes d'information. Elle entraîne non pas un mais plusieurs changements de paradigmes. Dans le « *e-business* », l'information de décision et de gestion est centrée sur le client sur l'entièreté de la chaîne de valeur, de la naissance du besoin à la livraison du produit, Cette chaîne de valeur est d'ailleurs inversée puisque c'est le client qui est l'initiateur du produit et que le fournisseur définit la chaîne de valeur et la chaîne d'approvisionnement les plus performantes pour répondre aux demandes du client. Les frontières physiques entre les entreprises des réseaux d'affaires disparaissent. Le regroupement par régions d'affaires fait place à la e-entreprise et la e-communauté. Les technologies y agissent comme initiateur « *driver* » et le modèle d'affaires comme facilitateur dans la définition des nouveaux processus.

Que signifient en pratique ces concepts dans l'environnement d'affaires de la construction?

Une des caractéristiques clés du « *e-business* » est partagée par la construction : le client est l'initiateur dans la définition du produit. La technologie gravitant autour du concept de « *e-business* » pourrait donc être transposée à la construction pour supporter et même améliorer la création et le fonctionnement de réseaux d'affaires de nature temporaire dans l'élaboration et la livraison de produits taillés sur mesure. Elle pourrait aussi de résoudre les problèmes d'automatisation des processus de création d'information et d'approvisionnement.

A la base du « *e-business* » on retrouve l'organisation du réseau d'affaires dans un environnement virtuel cohérent et viable. C'est ce que proposent Cingil et al (1999) : réunir les membres d'un réseau d'affaires dans un marché électronique dont l'accès se fait par un portail. Comme l'illustre la Figure 16, ce marché découpe l'environnement d'affaires selon deux modes : vendeur ou acheteur. L'ensemble des opérations de transactions et de collaboration se fait à travers un portail qui contient le bottin des membres de la communauté virtuelle, les référentiels de profil et les règles d'affaires et de transactions des différents partenaires, les gabarits de flots, les dictionnaires et autres outils facilitant le fonctionnement du marché.

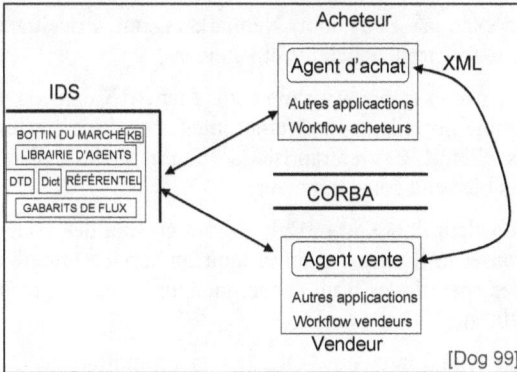

Figure 16 : Le marché électronique

La séquence des transactions est générée sous la forme de processus d'affaires qui peuvent être modelés selon des flots des activités de données ainsi qu'en fonction des contrôles à l'intérieur de ces processus. Ces activités peuvent être soit automatisées, soit réalisées par les ressources. Un exemple de prototype de ce concept est le « *commerce-net* » d'IBM.

Tapscott (1999) va plus loin dans l'élaboration du marché électronique. Dans sa vision, la chaîne de valeur n'est plus seulement inversée, elle est aussi explosée en multiples chaînes de valeurs co-dépendantes construites en fonction de collections de profils d'affaires aux compétences spécialisées et interconnectées. Ce concept d'élaboration parallèle du produit élimine la nécessité d'une entreprise leader qui gère les chaînes de valeur et d'approvisionnement et qui dirige les relations clients fournisseurs. Ici les réseaux de membres de la e-communauté d'affaires, incluant les consommateurs, s'assemblent et se défont au gré des besoins de création de la valeur à l'intérieur d'un marché électronique régi par un ensemble de règles partagées par tous.

Il décrit cet environnement de chaînes de valeurs co-dépendantes en fonction de cinq types de profils de modèles d'affaires électroniques émergents qu'on peut voir à la Figure 17 et qu'il organise selon une matrice dont les axes définissent la granularité de l'agrégation (contrôle de la chaîne) et la capacité de création de valeur pour le consommateur :

- l'agora, par exemple Ebay.com, Netmarkets.com, Priceline.com, sont un encan où se rencontrent acheteurs et vendeurs;

- l'agrégation, par exemple Amazon.com, PlanetRX.com ou Buy.com, qui agissent comme portails (*portal*) empruntés aussi bien par les fournisseurs que par les clients. Ces entreprises se chargent de la distribution et la livraison des biens au consommateur;

- la chaîne de valeur dont Cisco, Dell et Ford en sont des exemples, assurent la conception et la livraison d'un produit ou service intégré qui rencontre les exigences spécifiques d'un consommateur. C'est le profil proposé par Kalakota (2000);

- l'alliance du type Linux ou AOL, fait la promotion de la collaboration créative pour atteindre un but partagé;

- le réseau de distribution assure l'échange et la distribution de la valeur entre les créateurs et les utilisateurs.

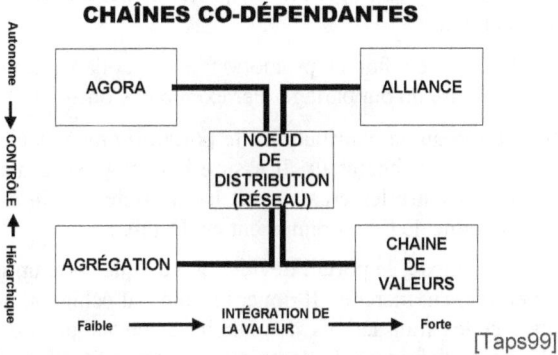

CHAÎNES CO-DÉPENDANTES

[Taps99]

Figure 17 : Conception des nouveaux processus

Tapscott (1999) a décrit un modèle de gestion intégré de chaînes de valeur et d'approvisionnement co-dépendantes qui maximise les opportunités offertes par un environnement d'affaires électronique. Cet environnement pourrait avoir, dans le contexte d'un marché électronique de la construction, les caractéristiques suivantes :

- L'agora : le profil des membres du marché électronique est maintenu dans un bottin selon les fonctions ou spécialités. Les événements, activités, projets de recherche, échanges, formations ou autres sont accessibles. Il existe des portails offrant ce type d'environnement dans la construction tel que VTT Construct.

- L'agrégation : version plus sophistiquée de catalogue électronique de produits et services, il comprend l'organisation, la recherche d'information et des transactions sur des produits ou assemblage comme par exemple : Bricsnet.

- La chaîne de valeur : une notification d'un acheteur est faite pour une demande de service sur le marché auprès des intégrateurs. Les intéressés peuvent communiquer directement avec un ou plusieurs intégrateurs ou peuvent se constituer à partir de la banque de membres en EV. L'intégrateur se charge de la distribution et de la livraison des biens au consommateur et assure la conception et la livraison d'un produit ou service intégré qui

71

rencontre ses exigences. Le projet de portail AEC Edge en est un exemple.

- L'alliance : fait la promotion de la collaboration créative pour atteindre un but partagé. Par exemple, Construct IT.

- Le réseau de distribution : le portail du marché électronique joue le rôle de fédérateur. Il assure l'échange et la distribution de la valeur entre les créateurs et les utilisateurs. Un exemple dans le domaine de l'environnement est Data-Chest.

Dans ce contexte, le portail devient en quelque sorte un guichet unique, la porte d'entrée au marché. Il joue le rôle «d'échine» qui supporte la connaissance et les transactions du marché électronique. Le point d'intérêt sera maintenant la définition de l'architecture et des fonctionnalités qu'offrira le portail pour donner vie au modèle de processus décrit plus haut.

Nous retiendrons de cette section que la transposition de ces concepts de « e-business » au CE combinée aux principes de gestion des exigences et de gestion de la conception de l'IS offrent des possibilités intéressantes pour revoir la chaîne de processus et même développer un nouveau modèle d'affaires construit en fonction des opportunités qu'offrent les TER. Il comprend :

- un modèle d'affaires qui maximise les opportunités qu'offre le portail dans le cadre du marché électronique;

- une structure de processus qui aligne les outils de IS/CE aux technologies accessibles par le portail.

Cependant, malgré tout le potentiel offert par un nouveau modèle d'affaires, la question sera de vaincre l'inertie constatée de l'industrie vis-à-vis les technologies. Nous allons tenter de mettre sur papier un tel concept en définissant une nouvelle structure de processus, conçue à la fois pour maximiser les bénéfices des outils et des technologies tout en prenant en considérant un cheminement possible pour faciliter l'adoption de ce nouveau modèle. La prochaine section sera consacrée à exprimer en détail le fonctionnement de cette nouvelle structure.

3.1.8 La conception et la construction d'un prototype avec la nouvelle structure de processus

La conception de la nouvelle structure de processus doit tenir compte de la résistance au changement de l'industrie pour profiter pleinement des opportunités offertes par le marché électronique et le portail IS/CE. Ce qui est demandé aux participants, c'est de laisser tomber graduellement des façons de faire ancrées depuis des siècles pour embrasser une nouvelle vision qui les fera passer en quelques années de l'exploitation locale des technologies au plus haut niveau de maturité. Cette transformation se résume comme suit :

- la catégorisation des acteurs en deux groupes (acheteurs et vendeurs) déconstruit progressivement les rapports de force du processus traditionnel d'approvisionnement organisé de façon hiérarchique autour de fonctions et lui enlève le caractère de confrontation;

- la notion de marché électronique s'adressant à un groupe de vendeurs et acheteurs particuliers permet d'établir des règles régissant l'accès au marché et de définir des processus de fonctionnement s'appliquant à l'ensemble des acteurs;

- les volets de collaboration et de transactions sont fusionnés.

On peut considérer que les portails de construction de la vague des *dot.com* ont amorcé cette impulsion esquissant ce que pourrait être ce marché électronique. Même si les modèles économiques des portails de la première génération se sont avérés peu viables, ils ont jeté les bases sur les volets approvisionnement, gestion de la documentation et collaboration.

La gestion de projets de construction par l'entremise de portails pour la gestion de la documentation et de la collaboration s'est avérée la plus porteuse, avec des bénéfices escomptés de près de 15% (Wesek, Cottrez et Landler, 2000). Il faut s'attendre à bien plus avec une structuration des processus selon les principes de l'IS/CE. Kamara et al (1997) considèrent que la révision des processus en fonction des principes de l'IS permettrait de :

- réduire le temps de développement;

- éliminer les pertes engendrées par les actions correctives;

- réduire les coûts;

- augmenter la qualité et la valeur;

- concevoir correctement du premier coup;
- rencontrer simultanément les exigences de fonctionnalité, de productibilité et de conditionnement de produit, et;
- satisfaire entièrement le consommateur.

Certains chiffres ont été avancés sur les retombées d'une systématisation des pratiques en fonction de l'IS, par exemple, une réduction du coût de projet de 40%, une amélioration de la qualité par un facteur 10 et une réduction du temps de projet de 50%. Les constats peu reluisants énoncés plus haut font ressortir la nécessité de revoir en profondeur les processus de conception. Certains auteurs en IS comme Allweyer (1996) suggèrent même de fusionner le processus de conception et de construction/fabrication pour que la connaissance de réalisation soit ramenée en amont.

Sous cette perspective, une des stratégies clés de l'IS est d'amener l'information pour la prise de la décision en amont afin d'avoir un assentiment des parties prenantes le plus tôt possible sur la rencontre des caractéristiques attendues (Anumba et al 1999).

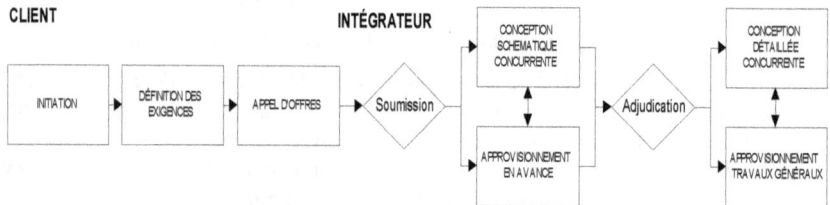

Figure 18 : Structure de processus dans le marché électronique

La Figure 18 illustre la structure de processus proposée. Il reprend, en plus de ces considérations, les caractéristiques-clés IS les plus prometteuses des structures préconisées par Atkin (1999) et d'Anumba (1997) et les interprète dans un contexte de marché électronique et des perspectives de conversion, de flot et de génération de valeur élaborées par Koskela et Huovila (1997). L'élément clé de cette structure est l'utilisation du portail comme carrefour des échanges et des transactions simultanées entre les acheteurs (les clients ou donneurs d'ouvrages) et les vendeurs (Les intégrateurs, les concepteurs, entrepreneurs et fournisseurs).

74

Les rôles d'agrégation et de distribution sont tenus par le client (acheteur) et l'intégrateur (vendeur) qui sont alors les agents à haut niveau d'un environnement du type conception/construction intégré. En effet, le client est ici totalement responsable de la gestion des exigences et de la préparation de la demande de conception/construction tandis que l'intégrateur est responsable des moyens et des méthodes pour rencontrer les exigences et de définir la chaîne d'approvisionnement à l'intérieur du marché. Le portail offre d'une part les outils et les fonctionnalités qui lui permettent de se passer d'un intermédiaire et de jouer un rôle actif dans la définition des exigences et dans le maintien de la configuration tout au long du projet. D'autre part, il donne l'accès aux services qui automatisent l'approvisionnement et facilitent les échanges et les transactions tels le bottin du marché (l'ensemble des acteurs), les référentiels de connaissance et d'applications, les gabarits de processus et de flots ainsi que les agents supportant les échanges et les transactions entre les différents acteurs. Les traits particuliers à chaque acteur sont identifiés et son espace de travail défini en fonction de ce profil.

Les figures 19 et 20 détaillent la chaîne de processus clés dont le client et l'intégrateur ont tour à tour la responsabilité. La Figure 19 décrit la séquence de production à l'énoncé des exigences du produit et l'amorce du processus d'approvisionnement. La Figure 20 détaille le processus d'approvisionnement.

CLIENT

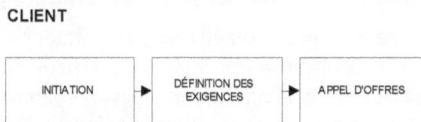

Figure 19 : Structure des processus : client

Les 3 processus sous la gouvernance du client comprennent :

Initiation : le client a accès par le portail à toute l'information sur son portefeuille immobilier. Il peut, grâce au partage de la connaissance à l'intérieur du marché, en mesurer la performance et identifier les possibilités de développement ou de mise à jour de son parc immobilier. Si un besoin est identifié, les paramètres et caractéristiques-clés du produit à élaborer peuvent être rapidement cernés. Le processus d'approvisionnement peut même être

75

amorcé à ce stade, par la publication d'une demande de manifestation d'intérêt.

Définition des exigences : sur le même principe que celui énoncé dans la structure de processus illustrée à la Figure 13,le client développe des exigences fonctionnelles et techniques neutres qui décrivent les critères et fonctions selon les caractéristiques clés décrites dans l'énoncé. Pour ce faire, il peut puiser à même les référentiels de connaissance du portail pour sélectionner des gabarits, des projets ou des composantes avec des caractéristiques similaires qui l'aideront à définir le cahier des exigences.

Appel d'offres : le client affiche sur le marché la demande de proposition. Dans un appel d'offres traditionnel, la procédure consiste à annoncer dans des journaux spécialisés la disponibilité des documents et demander un prix. Dans le portail, toute l'information sur l'offre est accessible en temps réel en même temps que l'annonce de l'offre.

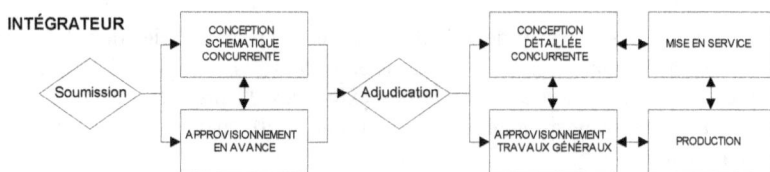

Figure 20 : Structure des processus : intégrateur

Les processus sous la gouvernance de l'intégrateur se divisent en deux groupes : A la soumission : plusieurs intégrateurs peuvent appliquer sur un appel d'offres. Ils définissent une équipe et préparent une proposition rencontrant les critères et exigences de la demande. Après l'adjudication : un intégrateur est sélectionné. Il doit livrer le produit en conformité avec sa proposition.

Les processus de soumission se divisent aussi en deux : La conception schématique concurrente : les professionnels utilisent les fonctionnalités de l'espace virtuel du portail pour développer en simultané les composantes principales spécifiques aux exigences de l'appel d'offres. L'approvisionnement en avance : après que les professionnels ont déterminé un parti architectural que l'intégrateur juge acceptable, ce dernier commence à assembler la chaîne d'approvisionnement en identifiant quels seront les fournisseurs des composantes principales. Ces derniers sont invités à fournir

76

un prix. Lorsque cette première sélection est faite, ces fournisseurs participent au développement et à la validation des solutions avancées par les concepteurs.

Dans un marché électronique, les intégrateurs peuvent cibler les demandes d'offres qu'ils veulent recevoir selon une série de critères prédéfinis. Ils ont accès à la liste des différents sous-entrepreneurs et fournisseurs participant au marché et à des gabarits pour chaque catégorie de bâtiment (bureaux, hôpitaux ou autres) ou pour chaque catégorie de composantes avec des caractéristiques similaires. Ces outils les aident à organiser et définir leur offre de façon concurrente. Enfin, à la différence des modes d'approvisionnement traditionnels, les interactions sont de mise entre l'acheteur et le vendeur pour préciser et raffiner les exigences et leurs solutions techniques. Pour évaluer la valeur des différentes offres et faire la sélection, le client dispose ici d'une information beaucoup plus large que dans les processus traditionnels qui peut être structurée à l'aide d'outils électroniques d'aide à la décision. De plus, la formule du portail permet à l'ensemble des parties prenantes au processus de sélection de fournir en temps réel leurs intrants quant à la valeur des solutions proposées pour leurs exigences respectives.

Après la sélection de l'adjudicataire, est amorcé le processus de conception détaillée et de construction. Celui-ci se découpe en quatre phases :

- La conception détaillée concurrente : les professionnels utilisent le même espace de travail. Cependant le travail est découpé en composantes, éléments et sous-éléments auxquels sont affectés une équipe pluridisciplinaire impliquant les représentants du client, le chef de projet, les professionnels, les entrepreneurs spécialisés et les fournisseurs.

- L'approvisionnement pour travaux généraux exige de la part des entrepreneurs spécialisés et des fournisseurs de forfaitiser leur prix pour les éléments et les assemblages. Ce travail se réalise en concurrence.

- La mise en service est démarrée aux premiers stades de développement. La participation active du client et des usagers est rendue possible par la co-location virtuelle.

- La production se fait en parallèle avec la conception. Le découpage par composantes, dont l'intégration est assurée par des outils de gestion de la cohérence des contraintes, permet de gérer en parallèle la conception et la fabrication.

Encore ici, le client est un participant actif à l'ensemble des processus. Il peut inviter des usagers à s'impliquer au niveau de l'élaboration de certaines composantes pour s'assurer de la conformité aux exigences, critères et fonctions selon des paramètres préétablis avec l'intégrateur. Le passage des pratiques traditionnelles à un cycle accéléré d'activités simultanées en co-location virtuelle ne se fera pas du jour au lendemain. L'expérience pratique du British Airports Authority (BAA) à ce sujet en dit long (Whitelaw, 1996). En 1995, la BAA adoptait un plan sur cinq ans dont l'objectif était de réduire ses coûts de construction de 30% par une révision profonde des pratiques d'approvisionnement et l'application du principe de *Lean Production*. L'étude de Duncombe (1997) a souligné les écueils dans la démarche et fait ressortir, suite à l'analyse des résultats de cette expérience, l'importance d'établir un parcours pour guider les transformations. Elle souligne entre autres l'obligation de d'abord transformer la culture en amont (client et professionnels) qui domine la pyramide hiérarchique des pratiques actuelles.

3.1.9 Conclusion sur le modèle d'affaires

Betts (1995) concluait dans son analyse de l'intégration des TI que la construction devait modifier en profondeur ses paradigmes vis-à-vis l'usage des technologies, la gestion de l'information, la culture et les formules d'approvisionnement. La voie traditionnelle préconisée pour réussir cette transformation est de s'inspirer des meilleures pratiques des industries ayant atteint leur maturité dans l'intégration des TER. C'est pourquoi, comme le soulignait Grilo (1996), cette approche est semée d'embûches. La voie privilégiée ici est plutôt de transposer ces pratiques non en fonction d'industries modèles comme l'automobile, mais plutôt selon un cadre de référence éprouvé, en l'occurrence l'IS/CE.

Les méthodes traditionnelles de révision des processus utilisent les TI/TER comme leviers ou comme facilitateurs dans la conception des nouveaux processus. La méthode retenue considère plutôt les TI/TER comme agents initiateurs de nouveaux processus, voire même d'un nouveau modèle d'affaires maximisant les opportunités de la technologie. Cette technologie est sélectionnée en fonction de son potentiel pour rencontrer les conditions énoncées pour l'adoption des TI par l'industrie de la construction soit : une courbe d'apprentissage courte; l'universalité; un environnement intégré; l'interopérabilité; et le faible coût.

La chaîne de processus énoncée plus haut en est une de projet, c'est-à-dire qu'elle propose un cheminement structuré d'élaboration et de réalisation du bâtiment non seulement selon une séquence, mais aussi en respect des règles d'affaires préalablement établies dans le marché électronique. Le portail offre un environnement intégré et universel et le développement des protocoles comme AECXML et l'Industry Foundation Classes (Froese et al, 1999) devrait aider à résoudre les problèmes d'interopérabilité. L'utilisation d'un environnement personnalisé sous la forme d'un espace de travail dont l'ergonomie sera définie selon la fonction, la capacité et le cycle de vie offrira la possibilité d'une assimilation rapide des fonctions de base et un apprentissage graduel de l'environnement plus sophistiqué de l'IS. Le principal incitatif à cet apprentissage sera l'avantage compétitif d'une plus grande productivité, la réduction des tâches répétitives et des délais réduits.

Nous avons exprimé les façons de faire de la construction sous la forme de processus afin d'en identifier les caractéristiques et les blocages. Nous avons ensuite identifié les outils IS et les technologies applicables à l'amélioration de ces processus. Enfin, nous avons révisé le processus qui offrait le plus grand potentiel d'améliorations en se servant des TER comme initiateur et réorganisé l'ensemble de la structure des processus pour maximiser les retombées des outils IS. Cette structure s'exprime sous un nouveau modèle d'affaires, inspiré du « e-business », qui situe les transactions et la collaboration dans un environnement virtuel intégré, le marché électronique.

Nous allons maintenant aborder le portail lui-même, point d'accès à ce marché électronique. Toute la création, le partage et l'échange de l'information transigent à travers le portail. C'est à partir de son fureteur que l'usager aura accès à toutes les fonctionnalités IS/CE offertes par le portail pour travailler à l'intérieur du marché électronique. La deuxième partie abordera en premier lieu le concept du portail pour enchaîner avec une présentation de son architecture et les fonctionnalités qui s'y rattachent. Pour terminer, seront abordées les contributions et avenues futures de ce projet de recherche.

Le portail est le dernier né des TER. Il s'est fait connaître, à l'image de « Yahoo », d'abord comme porte d'accès à l'information distribuée sur la toile, ensuite comme point de rencontre et d'échanges de communautés d'intérêts. Un portail est défini comme un site Web qui offre un large éventail de services pour des personnes, des groupes et des communautés. Les applications et données sont entreposées par le site du fournisseur du portail, ce qui donne à l'usager la portabilité de l'information, des données et des fichiers. Il existe deux catégories de portails : les portails horizontaux comme « Yahoo » qui s'adressent à un large éventail d'utilisateurs; les portails verticaux tels « Vertical Net », qui desservent une industrie spécifique.

En plus de faciliter le partage et les échanges d'information, les récents développements dans les protocoles tels XML et VRML rendent maintenant possibles les transactions d'affaires et le travail simultané en co-location virtuelle sur des dessins en 3 dimensions. Ces nouveaux outils, quelques-uns parmi tant d'autres, offrent des opportunités inégalées pour créer un environnement de travail intégré qui relie en temps réel tous les intervenants de la construction.

Il existe aujourd'hui une foison de portails électroniques, aussi bien dans le manufacturier que dans la construction. Malheureusement, la plupart de ces portails vont disparaître d'ici quelques années, pour avoir tablé non pas sur un modèle d'affaires suffisamment alléchant pour être adopté par l'industrie, mais plutôt sur l'application d'outils nouveaux dans un cadre d'affaires traditionnel allergique à l'innovation.

Dans la première partie de ce mémoire, une structure de processus renouvelée a été présentée, mettant à profit les TER dans un environnement d'affaires virtuel, le marché électronique. Ce nouveau cadre d'affaires bouleverse l'ensemble des façons de faire traditionnelles de la construction. La série de barrières entre fonctions qui jalonnait le parcours de l'idée à l'occupation s'estompe pour faire place à un flot d'informations continu et multidisciplinaire orienté vers l'adéquation du produit aux besoins et aux exigences et la maximisation de la création de la valeur par l'élimination des tâches routinières attachées à la gestion de l'approvisionnement, la gestion des coûts; et une réutilisation systématique de l'information de conception.

L'objectif du mémoire est de décrire les fonctionnalités IS/CE accessibles d'un portail électronique. La littérature et l'analyse des portails existants ont démontré l'inutilité de doter l'industrie de nouveaux outils sans d'abord repenser le cadre dans lequel ils seront utilisés. La structure de processus proposée et son insertion dans un nouveau modèle d'affaires dérivé du « *e-business* » a répondu à ce préalable. Cette deuxième partie qui se divise en deux chapitres, 4 et 5, se penchera plus spécifiquement sur la définition de ce que serait un portail offrant les fonctionnalités IS/CE requises dans le cadre d'un marché électronique. Elle élaborera en premier lieu les caractéristiques clés que devrait avoir le portail. Un concept du portail sera ensuite présenté duquel découlera une proposition d'architecture. Pour terminer seront décrits au chapitre 5 les groupes de fonctionnalités clés accessibles du portail pour supporter l'IS/CE.

4.1 Les caractéristiques-clés d'un portail IS/CE

A quoi pourrait ressembler un portail IS/CE? La revue des principaux portails de construction et du manufacturier n'a pas permis de découvrir un portail orienté vers l'IS offrant les caractéristiques recherchées pour la gestion de réseaux d'affaires. Il faut cependant considérer que, comme le soulignait Pallot (2000), un certain chemin reste à faire pour intégrer dans un environnement structuré les différentes applications commerciales utilisées pour supporter l'IS ou le CE. Il existe bien des cas d'exception, mais elles se retrouvent dans des technologies propriétaires (Boeing, General Electric) jalousement protégées.

Toutefois, certains auteurs ont jeté les bases pour élaborer les caractéristiques du portail et son rôle dans le marché électronique (Tapscott Ticoll et Lowy, 1999) ou suggéré une architecture qui puisse supporter l'IS/CE ou encore défini certaines caractéristiques associées aux outils et fonctionnalités (Prasad, 1996; Pallot et Sandoval, 1998).

D'autres, comme Scherer Gonçalves (1997) ont tenté de définir à quoi pourrait ressembler un environnement IS intégré. Ces derniers envisagent cet environnement comme devant posséder quatre dimensions:

1. Une dimension de coopération supportant le travail partagé sur un élément ou composante à partir d'un modèle tridimensionnel (3D) du produit. Ce modèle permet différentes vues des données de sections ou de l'ensemble du bâtiment. Cette dimension met aussi à la disposition de l'usager des fonctionnalités pour la gestion de l'information tels la vérification de la

81

cohérence des transformations, le suivi et le contrôle du projet et la gestion des modifications apportées par les parties prenantes, pour garantir une élaboration et une réalisation synchronisée et sans conflits du bâtiment.

2. Une dimension de collaboration pour intégrer le partage et les échanges d'informations entre des intervenants travaillant sur un projet temporaire dans des firmes séparées géographiquement. C'est la dimension EV du réseau d'affaires.

3. Une dimension d'IS pour adresser la dimension du temps : l'ensemble du cycle de vie du projet est considéré dès la conception grâce au support d'outils ou connaissances pour la prévision, le pronostic ou la simulation

4. Une dimension de commerce électronique pour répondre au fait qu'un bâtiment est composé de nombreux produits dont les choix dans les particularités d'assemblage relatives à une fonction ont de nombreuses incidences. Par conséquent, il est important de réunir tous les acteurs - clients et fournisseurs, professionnels et spécialistes – le plus en amont possible dans l'élaboration du bâtiment afin de faire les choix les plus judicieux de ces assemblages en termes de coûts, de délais et de qualité.

Les trois premières dimensions ont comme dominante le volet IS tandis que la quatrième dimension « le commerce électronique » pourrait être considérée comme le volet CE du portail. Ces quatre dimensions ajoutent au marché électronique une géométrie qui en facilite la compréhension tout en y situant le rôle qu'y joue le portail. Elles permettront d'articuler le concept du portail sur lequel sera construit un modèle d'architecture. A cette architecture seront rattachés les groupes de fonctionnalités et leurs utilisations dans la structure de processus décrite à la Figure 18 à la section 3.1.8.

4.2 Le concept du portail

Comment s'articule le portail dans le marché électronique?

Le Figure 21 illustre ce à quoi pourrait ressembler le marché électronique de la construction. On retrouve, au bas, la chaîne de valeurs de l'immobilier qui démarre avec l'opportunité à saisir et se termine par l'occupation.

Au centre se trouve le processus d'élaboration du produit, un processus de conversion de l'information en connaissances pour la réalisation du bâtiment. En haut la chaîne d'approvisionnement, qui comprend le réseau d'entreprises assemblées pour fabriquer, fournir et assembler les composantes.

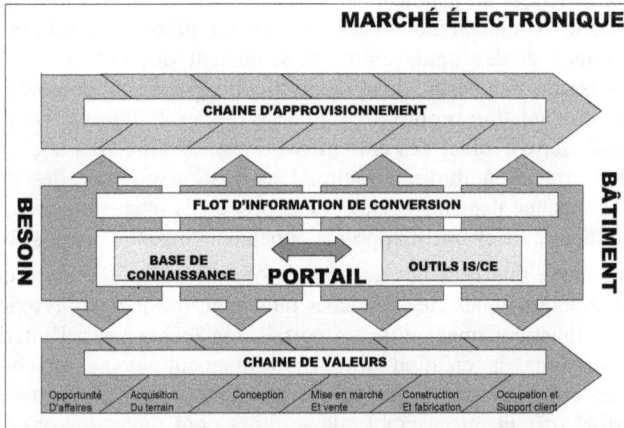

Figure 21 : Le portail dans le marché électronique

Comme point d'entrée au marché électronique, le premier rôle du portail IS/CE sera d'offrir les outils et la connaissance nécessaires pour supporter la conversion de l'idée en produit en assurant un support continu au flot d'information tout en automatisant les processus de support et en offrant un environnement de travail maximisant l'efficacité et l'efficience dans la production de valeur. Il assumera aussi un second rôle comme nœud de distribution pour intégrer, fédérer ou donner accès aux chaînes co-dépendantes (portails verticaux ou horizontaux spécialisés).

Le portail comprend les services pour supporter la coopération (base de connaissances) et les outils IS/CE de collaboration en simultanée pour l'élaboration du produit. L'organisation de la connaissance se fait autour de modèles génériques (produit, processus, ressources et autres) qui servent de base d'informations alimentant les processus de la chaîne de valeurs et de la chaîne d'approvisionnement. De plus, dans le contexte du marché électronique, les participants au marché (entrepreneurs spécialisés et fournisseurs) peuvent alimenter la base de connaissances avec leurs catalogues de produits. Dans l'esprit d'un marché, le portail devrait aussi offrir des fonctionnalités de commerce électronique.

Le premier intérêt du marché électronique est de créer un environnement d'affaires dont les cloisons physiques qui séparent les entreprises participantes s'estompent. La faible taille des entreprises oeuvrant

83

dans la construction, un handicap dans les chaînes de valeurs traditionnelles, devient dans le marché un atout, car elles peuvent, grâce au portail, profiter de la connaissance et des outils autrefois seulement disponibles aux grandes organisations sans rien perdre de la flexibilité, l'esprit d'entrepreneurship et de la capacité d'adaptation propre à ce type de réseau d'affaires. Aussi, il sera plus facile de faire évoluer des entreprises de petite taille vers une culture de réseau et de travail multidisciplinaire. Une gestion intégrée des processus internes de chacune des entreprises et des processus inter-entreprises dans la chaîne de valeur et la chaîne d'approvisionnement devient alors possible.

Maintenant que les rôles du portail sont identifiés, il reste à définir, à partir des caractéristiques clés énoncées plus haut, des lignes directrices pour esquisser le fonctionnement d'un tel portail. On recherche, à l'intérieur des quatre dimensions, la création d'un environnement intégré en co-location virtuelle, un emplacement où les parties prenantes disposent d'un espace de travail virtuel offrant un ensemble de services dont toutes les organisations peuvent bénéficier et que tous les domaines d'ingénierie peuvent exploiter (Pallot Sandoval 1998). C'est un espace relativement complexe, car les services requis vont varier dans le temps selon le degré d'évolution du projet dans la chaîne de processus, les acteurs impliqués et la maturité des intervenants de la chaîne d'approvisionnement du projet.

Il existe plusieurs portails électroniques dans la construction et dans le manufacturier qui peuvent servir de référence pour le développement du portail IS/CE. Ils présentent des caractéristiques dont certaines sont applicables au contexte IS/CE, et un vécu dans un environnement traditionnellement réfractaire aux technologies. Le tableau 9 présente les résultats d'une sélection qualitative des portails. Cette sélection s'est faite en fonction des services et fonctionnalités spécifiques aux caractéristiques clés énoncées plus haut.

Tableau 9: Portails de référence

Sites	Services	Outils applicables à l'IS/CE
Buzzsaw www.buzzsaw.com	▪ Gestion de l'information de projet et collaboration	▪ EDMS avec viewer ▪ Gestion de la messagerie ▪ Gestion de l'impression
Citadon www.citadon.com	▪ Gestion de l'information de projet et collaboration	▪ EDMS ▪ Certaines fonctionnalités de workflow et process flow
Bricsnet www.bricsnet.com	▪ Gestion de l'information de projet et collaboration ▪ ASP ▪ Catalogue de produits	▪ EDMS avec viewer ▪ Certaines fonctionnalités de workflow ▪ Certaines fonctionnalités de modélisation 3D ▪ Certaines fonctionnalités modèles de produit
B2B Manufacturier www.biz2bizmanufacturing.com	▪ Gestion de l'information ▪ Module de collaboration ▪ Module de commerce électronique	▪ EDMS avec viewer ▪ Fonctionnalités d'espace de travail distribué (calendrier, vidéo conférence, whiteboard etc) ▪ Fonctionnalités de réalité virtuelle distribuée ▪ Fonctionnalités pour la planification et la gestion de la chaîne de valeur ▪ Certaines fonctionnalités modèles de produit

Les 3 premiers portails « *Buzzsaw* », « *Citadon* » et « *Bricsnet* » visent directement la construction; le quatrième « *B2B Manufacturing* » est un portail avec une composante verticale spécifique au manufacturier. Ce portail manufacturier possède des caractéristiques qui peuvent être facilement transposées à la construction. Il offre un éventail de services s'adressant à des

85

petites et moyennes entreprises, ce qui est un trait de la construction, avec des fonctionnalités de collaboration et de coopération avancées qui ne sont pas calquées sur des façons de faire particulières à une industrie. En effet, le principal trait des 3 portails de construction est un environnement construit en fonction de façons de faire traditionnelles. Ici, la technologie est utilisée comme levier pour automatiser des processus d'affaires existants sans en questionner leur pertinence. Les services, dont certains sont présentés en annexe 2, automatisent la transmission et l'entreposage des fichiers en plus d'offrir certaines fonctionnalités de communication et de gestion d'agenda. Ces portails se démarquent l'un de l'autre par des fonctionnalités spécifiques à la niche de marché visé :

1. *« Buzzsaw »* est la propriété d'Autodesk, le plus important vendeur de logiciels CAO au monde. Autodesk a choisi de se concentrer sur ses applications qui offrent des capacités évoluées de modélisation en 3 dimensions et de limiter le portail au rôle de registre centralisé pour l'entreposage et le partage de l'information. Ce portail s'adresse plus particulièrement au client et aux professionnels pour faciliter la gestion et l'échange de l'information

2. *« Citadon »* est le fruit de la fusion des deux plus importants portails de construction aux États-Unis, Bidcom et Cephren. Ce portail se distingue par ses fonctionnalités d'organisation du flot d'information incluant des formulaires normalisés pour documenter les principaux processus. Citadon vise plus particulièrement les grandes entreprises de gérance de construction.

3. *« Bricsnet »* est un portail belge qui offre entre autres des ASP avancés de modélisation 3 D. Ses services couvrent l'ensemble du cycle de vie du bâtiment. Ils sont partagés entre deux plateformes : Project Net et Building Net, la première s'adresse à la gestion de la collaboration durant la réalisation, l'autre couvre la gestion globale du parc immobilier. *« Bricsnet »* cible aux grands propriétaires de parc immobilier. Une caractéristique fort intéressante est son système distribué de *PDMS* ou *« Product Data management System »*. Le professionnel peut, pour chaque composante, faire une recherche de produits, obtenir des

cotations, et même intégrer dans ses dessins des éléments de produits paramétrés.

Le portail manufacturier « *B2B Manufacturing* » se distingue des portails de construction par une architecture beaucoup plus ouverte et flexible. Il présente des services qui se rattachent aux quatre dimensions de coopération, collaboration, IS et commerce électronique. Par exemple, le portail utilise un ASP de collaboration "*E-vis*" qui possède plusieurs fonctionnalités avancées telles que la possibilité pour un groupe virtuel de travailler en simultané sur des dessins en 3 dimensions, de partager des idées sur un tableau blanc électronique ou de simuler le travail d'équipe virtuelle en simultané. Son architecture neutre, détachée des pratiques d'une industrie spécifique, peut servir de facilitateur pour le développement de nouvelles structures de processus.

L'examen de ces portails, même s'ils n'offrent pas la profondeur de l'environnement envisagé par Scherer Gonçalves, aide à visualiser certains des concepts sous-jacents à l'expression de chacune de ses dimensions. Pallot et Sandoval (1998) proposent un cadre pour structurer les services à développer à l'intérieur de ces dimensions. Ce cadre servira d'une part pour explorer plus en détail chacune des dimensions esquissées plus haut et d'autre part à développer les concepts menant à la définition de l'architecture et des fonctionnalités. Il comprend :

- le partage et l'échange d'information

- la synchronisation

- la gestion simultanée des structures de décomposition du produit/processus

- l'implication structurée de l'équipe

- la coordination des activités et des tâches concurrentes

Les trois premiers items gravitent autour de la dimension coopération : une information qui circule sans barrières et qui est accessible en tout temps; une gestion de la concurrence dans l'accès à des fichiers qui autorise le travail en simultané de sources multiples; une modélisation du produit en phase avec le modèle de processus. Les deux derniers adressent la collaboration : l'organisation du travail non pas selon les fonctions, mais plutôt selon un découpage en composantes; la gestion de la cohérence dans l'exécution parallèle des activités et des tâches.

4.2.1 Le partage et l'échange d'information

Le but premier du processus de conception est la conversion des données, d'abord en informations, puis en une connaissance sous forme d'un livrable définissant les spécifications et les assemblages des différentes composantes qui constitueront le bâtiment. Comme nous l'avons vu, le flot d'information qui supporte ce processus de conversion est discontinu, pour ne pas dire fragmenté, aussi bien entre les différentes fonctions de la chaîne d'approvisionnement qu'à l'intérieur de chacune des organisations.

La réalité informatique répète ce modèle fragmenté : le répertoire de logiciels du « *Construction Industry Computing Association* » ne contient pas moins de 1 700 différentes solutions logicielles, la plupart visant à l'automatisation de tâches de conception ou de construction. On constate qu'il n'y a aucun effort d'intégration entre toutes ces applications (KPMG, CICA, 1997).

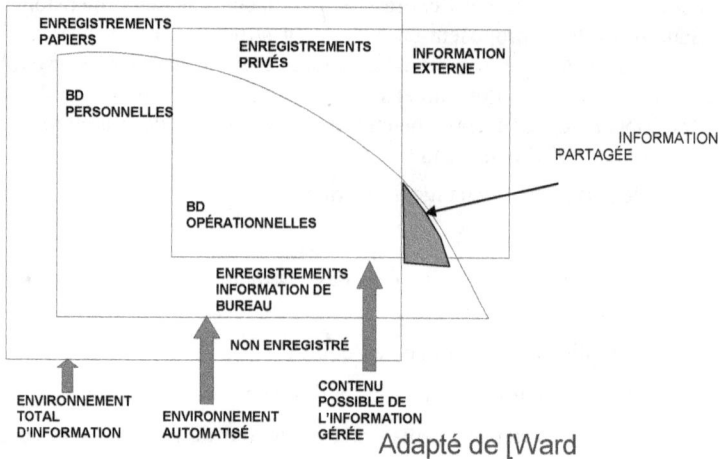

Figure 22 : Gestion de l'information en entreprise

L'objectif de la révision des processus et d'une approche intégrée à l'intérieur d'un marché électronique est de supporter un flot d'information continu et commun alimentant les processus de la chaîne de valeur et de chaîne d'approvisionnement. Le premier enjeu pour obtenir ce flot continu est de décompartimenter les silos d'information intra et inter organisationnels.

La Figure 22 illustre le problème de la gestion de l'information dans l'organisation. Une bonne partie de l'information dans l'entreprise n'est pas capturée sous format électronique. De plus, seulement une fraction de l'information sur format électronique est gérée au niveau organisationnel et peut être partagée entre les organisations. Le reste est emprisonné dans les silos d'information constitués par chacun des postes de travail. Dans un contexte d'une entreprise dominante dans la chaîne de valeurs, les besoins d'échange d'informations entre membres du réseau d'affaires se limiteront à du transactionnel. Elle dictera les gabarits d'échanges utilisés à travers des protocoles tel l'EDI pour partager et échanger cette information.

Il n'en est pas de même dans l'élaboration du projet de construction. L'échange d'information dans le processus de conversion se fait entre les entreprises. Elle exige qu'une grande quantité d'information soit échangée et transformée aussi bien à l'intérieur des organisations qu'entre elles. La gestion de la création et de l'utilisation de l'information sur un mode séquentiel représente un défi non encore résolu par les TI (Turz 1999c). Les documents sont souvent très lourds et leur structure complexe. Par exemple, un dessin peut comporter des centaines de couches. On peut compter facilement une centaine de dessins pour représenter le bâtiment. La préparation de ces dessins demande généralement l'intervention de plusieurs centaines de spécialistes disséminés dans une dizaine d'organisations. Pourtant, même si le partage et l'échange de l'information sont au cœur de l'élaboration du projet de construction, l'échange électronique d'information entre les organisations est très limité. En fait (Rezgui Cooper et Brandon, 1999):

- une grande partie de l'information de projet est entreposée sous format papier. Cette information n'est souvent pas structurée et aussi facile à endommager et à perdre;

- l'intention derrière les décisions menant à l'information n'est pas enregistrée ou documentée. Il est aussi difficile de suivre et retracer la route de milliers de messages, appels téléphoniques, mémos et conversations qui ont mené à la décision;

- les personnes responsables de collecter et archiver les données du projet ne comprennent pas nécessairement les besoins spécifiques des acteurs qui vont les utiliser;

- les données ne sont pas gérées lorsqu'elles sont créées, mais plutôt capturées et archivées à la fin de la phase de construction. Les personnes ayant la connaissance du projet ont déjà quitté à ce moment-là et leurs intrants ne sont pas capturés;

- les leçons apprises ne sont pas bien organisées et sont enterrées dans les détails. Il est difficile de compiler et disséminer la connaissance utile et la compiler pour d'autres projets.

Ainsi, une masse phénoménale d'information est créée à chaque projet pour être perdue ou devenir inutile, n'ayant pas été conçue pour être réutilisée. De plus cette information n'est souvent pas disponible au bon moment ou tout simplement ne peut être accédée. Les barrières au libre flot de l'information ne sont pas seulement physiques, mais aussi technologiques.

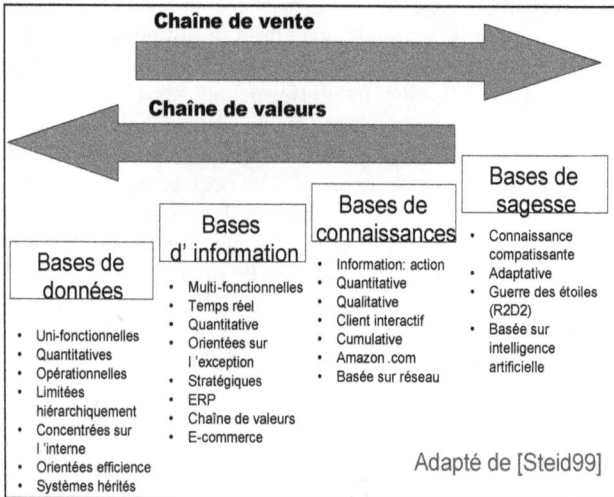

Figure 23 : Évolution de la gestion électronique de l'information

En effet, comme le montre la Figure 23, les technologies pour la capture et le traitement de l'information évoluent en maturité, passant des bases de données opérationnelles aux bases d'information de gestion puis tout récemment aux bases de connaissances. Les premiers systèmes d'information visaient à réduire les coûts dans les processus de support à la chaîne de valeurs. Les bases de connaissance et de sagesse visent un support compatissant à l'échange et au partage de l'information, ceci au bénéfice de l'utilisateur profane (le client) qui devient en mesure d'avoir accès directement et comprendre l'information sans avoir à être spécialiste.

Le bénéfice principal pour la construction de cette évolution est que la technologie pour la gestion de l'information, autrefois réservée aux leaders des grandes industries non fragmentées, devient un outil accessible aux non experts qui peuplent le réseau d'affaires. Dans l'environnement désiré, on passe de l'utilisateur qui s'adapte à l'outil à l'inverse. Celui-ci n'a plus avec l'accroissement de la maturité des systèmes de gestion de données, à s'interroger sur comment faire la requête pour trouver son information. Par exemple, l'architecte doit être en mesure de rechercher de l'information sur un élément de produit sans avoir le terme exact pour décrire ce produit.

Le groupe de travail sur le protocole AECXML (http://www.iai-na.org/domains/aecxml.html) définit en ces termes ce que devrait être l'environnement informationnel recherché :

- L'information de projet est entrée une seule fois et réutilisée lorsque nécessaire à travers tout le réseau d'affaires et même entre les différents réseaux

- Les catalogues de produits, les spécifications, manuels d'entretien et les rapports et expertises sont sur format électronique et les informations sur ces documents ou le prix et la disponibilité des produits peuvent être recherchés à travers l'internet

- Les normes, règlements, codes, décrets, règles ou exigences sont directement accessibles

- Les données de construction (plans, dessins d'ateliers, devis manuels d'opération et d'entretien) sont dans un format adéquat pour être totalement réutilisables dans l'opération et la maintenance du bâtiment.

Ce protocole est un volet spécialisé de l'application de XML (International Alliance for Interoperability, 2000) qui vise à développer des gabarits spécifiques pour supporter l'environnement informationnel de la construction. Cependant, pour le moment, les solutions disponibles pour le partage et l'échange d'information dans l'industrie se limitent à deux groupes : Les systèmes électroniques de gestion de la documentation (EDMS, PDMS) et les systèmes de modélisation.

Les portails actuels utilisent des systèmes électroniques de gestion de la documentation. Ces systèmes permettent d'entreposer, de visualiser et, dans certains cas, de modifier des fichiers provenant de diverses applications. L'information contenue dans le fichier ne peut toutefois être directement capturée et réutilisée. Souvent, les fichiers produits à l'aide d'applications très spécialisées ne peuvent être accédés. De nombreux efforts de recherche ont été poursuivis pour résoudre ce problème. XML, le rejeton de SGML[23] en fait partie. En complément au XML, la majorité des recherches européennes ont porté sur des BDOO, car elles possèdent des caractéristiques particulièrement adaptées à l'environnement graphique et à un environnement informationnel distribué.

Sun et Aouad (1999) se sont penchés sur la question de l'environnement informationnel de la construction dans le cadre de l'IS. Ils ont défini 3 échelons à gravir avant que les TI soient en mesure d'offrir des systèmes d'information totalement intégrés permettant l'IS :

1. les systèmes de gestion électronique de documents : toutes les applications d'architecture, d'ingénierie et de construction (AIC) sont indépendantes : le système gère seulement les extrants ou documents;

2. les systèmes autonomes inter opérables : les applications indépendantes s'échangent de l'information à l'intérieur d'un modèle et d'une base de données commune;

3. les systèmes IS totalement intégrés, le plus haut niveau: le système doit maintenir aussi bien les données que les processus dans un référentiel unifié; il contrôle la séquence dans laquelle les applications doivent être utilisées et plusieurs applications peuvent interagir simultanément.

---

[23] Le langage SGML était une première tentative de briser les documents en éléments d'information pourraient être réutilisés

Les systèmes actuels disponibles sur les portails on atteint le niveau 1. Plusieurs vendeurs (Autodesk, Bentley et autres) travaillent dans le cadre de l'International Alliance for Interoperability (IAI 1998) à développer les protocoles d'échanges entre applications qui pourraient permettre d'accéder au niveau 2. Pour atteindre le niveau 3, celui anticipé pour autoriser le partage et l'échange de l'information en simultané, il faudra s'attaquer à deux éléments : la création d'un référentiel unifié, en l'occurrence le modèle de produit, et la révision des concepts actuels de gestion de la concurrence d'accès des données dont la protection de l'intégrité dépend entre autres d'un verrouillage séquentiel de l'accès. Ce dernier élément sera abordé plus loin.

Le modèle de produit est utilisé dans les industries manufacturières de pointe pour l'élaboration de produits, comme par exemple les avions, sur une plate-forme virtuelle. Le modèle de produit est une représentation logicielle d'un type de produit ou une catégorie de bâtiment qui supporte le projet durant l'ensemble du cycle de vie, de la conception et la construction à la gestion et l'entretien (Turz 1999). Le modèle de produit a été utilisé avec succès dans le domaine aérospatial entre autres pour le développement du Boeing 777. Dans la construction, on peut penser qu'une base de connaissances contiendrait des modèles pour différentes catégories de bâtiment tels hôpitaux, tours à bureaux, écoles ou autres. L'intérêt du modèle de produit est qu'il peut aussi bien assister le client à comprendre ses besoins et à définir ses exigences (Vanier, Lacasse et Parsons, 1999), que les concepteurs et constructeurs à élaborer et réaliser le bâtiment (Fischer. Aalami 1999).

Il s'exprime, dans la conception (Figure 24), par le passage de l'expression papier à l'organisation de l'information dans un modèle de produit. On étudie présentement des formes sophistiquées de modélisation qui intègrent entre autres les interrelations entre le découpage du modèle de produit avec celles des processus pour offrir des vues en quatre dimensions (3D + la dimension temps) dans l'élaboration du bâtiment.

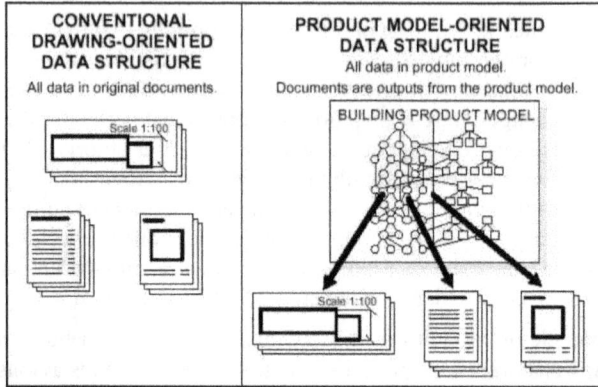

Figure 24 : Passage de l'expression papier au modèle de produit

On retient pour la conception du portail IS/CE qu'il devrait offrir un environnement informationnel intégré où l'information de produit et l'information de projet seraient synthétisées et intégrées. Comme le proposait Scherer Gonçalves, cette information contenue dans le modèle de produit pourrait être exprimée sous forme géométrique. Dans cette dimension de coopération s'ajoute au partage et l'échange de l'information deux autres caractéristiques : la synchronisation des accès simultanés à l'information et la gestion simultanée des structures de découpage.

4.2.2 La synchronisation

L'information pour la réalisation du produit est créée de façon fragmentaire. Une fois la question du partage et de l'échange de l'information résolue, l'enjeu sera la possibilité pour plusieurs usagers de modifier des éléments d'information ou de connaissance. Le contrôle des versions représente un volet de cet enjeu. Dans les solutions EDMS actuelles, le contrôle des versions présuppose que le travail se fait de façon séquentielle. Un fichier créé sera codifié comme étant la première version. Chaque fois que le fichier est modifié, le logiciel crée une nouvelle version. Pendant ce temps le fichier est verrouillé, c'est-à-dire qu'il est inaccessible aux autres utilisateurs. On utilise le même principe dans la gestion des contraintes d'intégrité des bases de données. Cette procédure de gestion des versions est inadéquate dans un environnement IS. En effet, dans ce cadre, une équipe multidisciplinaire doit avoir accès et pouvoir modifier en simultanée la ou les composantes du produit sur lesquelles elle travaille.

94

Les recherches de solutions à ces limitations empruntent plusieurs avenues. Certaines applications CAO, comme Autocad, permettent de travailler en réseau sur un même fichier en discriminant l'information qui est verrouillée par couches de dessin. Aucun usager ne peut partager la même couche avec un autre. Cependant, un dessin peut comporter une centaine de couches, permettant ainsi au même nombre d'usagers de travailler simultanément sur différents éléments du dessin. Le partagiciel « *E-vis* » du site « *B2B Manufacturing* » permet à un groupe de simuler un travail en simultané : tous les utilisateurs peuvent visualiser en temps réel un même fichier et s'échanger de l'information à l'aide d'outils de vidéo conférence. Les modifications se font cependant en séquence (un seul usager à la fois) afin de protéger l'intégrité des données.

Turz et al (1997) considèrent qu'un EDMS devrait permettre l'existence de plusieurs versions de l'information en même temps pour permettre du travail parallèle indépendant avec un minimum de coordination du travail et de notification. Ils proposent pour résoudre les conflits devant inévitablement survenir une méthode de structuration du progrès par points successifs de coordination où des outils de gestion des versions et des outils faisant appel à l'intelligence artificielle supporteront le dépistage et la résolution de conflits.

D'autres auteurs (Pallot Sandoval, 1998; Lottaz Stouffs Smith, 2000; El-Bibany, 1997) suggèrent des outils de définition des paramètres de contraintes entre composantes de travail et de système de gestion de la cohérence des contraintes pour prévenir l'apparition de conflits. Enfin, Sun et Aouad (1999) esquissent un environnement qui permettrait l'accès de façon concurrente d'un fichier de la base de données par plusieurs applications.

Ces recherches confirment qu'il existe aujourd'hui plusieurs approches pour gérer la synchronisation dans la création et la modification de l'information à partir d'un modèle de produit ainsi que des technologies pour les supporter. La prochaine section abordera le dernier aspect de la coopération : la fusion des différentes perspectives utilisées dans la transformation de l'information en connaissance pour la création d'un modèle unique, l'échine de la base de connaissances du projet.

4.2.3 La gestion simultanée des structures de découpage du produit/processus

En construction, on doit non seulement considérer tous les éléments et assemblages qui constituent le bâtiment, mais aussi les processus par lesquels ils seront progressivement mis en place pour donner les résultats escomptés. De façon traditionnelle, le plan fournit une composition d'ensemble, les détails, les assemblages et les spécifications précisent le mode d'installation de chaque élément. Cette pratique laisse souvent de nombreuses zones grises et des problèmes non résolus qui résultent, lors de la réalisation, en actions correctives.

Dans l'élaboration de produit dans le manufacturier et dans la gestion de projet, on fait usage de ce qu'on appelle des structures de découpage. Ces arborescences sont largement utilisées en IS pour planifier et coordonner les actions et les décisions. On définit la structure de découpage de produit en termes de liste de composantes ou arborescence technique qui présente une décomposition hiérarchique des ensembles, sous-ensembles et éléments physiques nécessaires à la fabrication du produit manufacturé. La structure de découpage des processus adresse à la fois le projet et le produit. L'organisation du travail utilise une structure de découpage du projet ou SDP qui est une décomposition formalisée des éléments d'un projet, exprimée dans le temps avec un échéancier (PMI Standard Committee, 1996).

Le processus de conversion dans un modèle unique consiste, dans un premier temps, à intégrer les perspectives principales de découpage du produit en ses éléments et le découpage des processus supportant son élaboration et sa réalisation. Dans le jargon de l'IS, l'objectif est de travailler dans la logique de « concevoir pour fabriquer » c'est-à-dire que, contrairement à la pratique courante, les contraintes de fabrication et d'érection sont prises en ligne de compte dans les choix de conception. La compréhension et l'intégration de ces contraintes en amont contribuent à éliminer les pertes dues aux ajustements entre le concept et la réalité constructive, de mieux cerner l'ensemble des coûts en amont, de faciliter la prise de décision et enfin de mieux maîtriser l'échéancier.

En gestion de projet, les interrelations entre ces différents outils sont orchestrées de façon intuitive par les chefs de projet expérimentés (Kahkonen et Huovila, 1999). De plus, le domaine de la construction, de par sa fragmentation, rend difficile, voire impossible, une utilisation soutenue de ces divers outils. Cependant, dans un environnement de travail où les tâches se réalisent en parallèle, il devient essentiel de systématiser l'utilisation de ces arborescences, d'en maîtriser les interrelations et, si possible, de les automatiser. Pour être en mesure de les gérer simultanément, il faut disposer d'un système intégré capable (Cutting-et Decelle, 1999) :

- de supporter des tâches multiples en donnant accès à différents outils;
- d'automatiser l'échange de données entre les différentes tâches dans le système;
- de faciliter une communication efficace entre des logiciels hétérogènes pour supporter l'intégration (et le flot d'information) durant l'ensemble du cycle de vie;
- de fournir un certain degré de support « intelligent » dans un contexte donné.

Prasad (1996) énonce une série de principes pour définir le cadre IS d'une gestion simultanée produit/processus. Aussi, plusieurs projets de recherche (Rankin, Froese et Waugh, 1999; Fisher et Aalami, 1999; Ikeda, Sekihara et Itoh, 1996) s'intéressent spécifiquement à cette question, entre autres le projet franco-britannique, « ProMICE » (Product and Process Models Integration for Concurrent Engineering), le projet nord-américain, TOPS (Total Project System) ou les projets conjoints CMM (Construction Modeling Method) et POP (Process-Oriented Planning). On propose dans ces projets d'intégrer des représentations du produit et des processus sous la forme d'un modèle générique basé sur les meilleures pratiques. Pour simuler le système d'information recherché, on combine différents outils à l'aide d'API.

L'ensemble des recherches, des méthodes et des technologies examinées laissent présager dans un avenir prochain la capacité de réaliser un système d'information pour créer le cadre de coopération requis dans un environnement de travail IS/CE. Ce cadre de coordination défini, la seconde dimension à détailler est la gestion de la collaboration. Cette dimension comprend deux volets : la réorganisation des façons de faire traditionnelles pour une implication structurée de l'équipe et la coordination des activités et tâches concurrentes.

4.2.4 L'implication structurée de l'équipe

Dans les projets traditionnels, les équipes sont séparées par fonctions et selon le cycle de vie de la construction (conception et construction). L'organisation du travail est hiérarchique (top down). On retrouve dans le haut de la pyramide le client ou son représentant : le chef de projet; puis vers le bas l'architecte, les ingénieurs, les autres spécialités, l'entrepreneur général, les entrepreneurs spécialisés et, tout en bas de la chaîne, les fournisseurs.

L'IS exige que le travail soit perçu comme un système de processus où les interrelations doivent être gérées en concurrence. La prise de décision du haut vers le bas y est remplacée par le partage des responsabilités dans la réalisation des extrants. Il s'avère dès lors nécessaire de revoir en profondeur la structure de travail pour la faire cheminer d'une démarche hiérarchique vers un mode systémique de prise de décision. Il existe dans l'industrie les meilleures pratiques de l'organisation du travail en projets (PMI Standard Committee 1996), articulées en termes de processus, d'un découpage du travail en lots et d'une assignation des ressources pour chacun des lots de travail. L'IS est une systématisation de ces pratiques qui exige en plus une implication des différents partis en parallèle ou en simultanée et plutôt que de façon séquentielle.

Rogerson et Morris (1999) se sont penchés sur les similarités entre les différents cycles de vie de produits dans le manufacturier et celui de la construction pour structurer les équipes de travail. La production par cellules s'avère parmi ceux-ci un cycle particulièrement intéressant pour notre propos. Dans ce cycle, le produit à élaborer, prenons par exemple un avion, est subdivisé en composantes (les ailes, le fuselage), puis en éléments (les réacteurs, le train d'atterrissage) qui sont ensuite partagés entre plusieurs responsables regroupés en équipes multidisciplinaires. Le découpage du produit est modélisé. Le modèle de produit sert à assurer la coordination entre les cellules et à définir les paramètres de cohérence des contraintes (si le nombre de sièges est augmenté, l'emplacement des hublots doit être modifié, la structure adaptée, etc.).

Deux projets de démonstration en Grande Bretagne ont servi à tester une organisation du travail nouvelle inspirée de la conception par cellules. Dans un scénario similaire, le produit est divisé en composantes et le travail organisé par grappes ou « clusters » autour de ces composantes ou leurs éléments (Nicolini, Holti et Smalley, 1999). Chaque grappe de travail est responsable en quelque sorte d'un mini-projet de conception/construction qui s'inscrit à l'intérieur du cadre plus large du projet.

Dans cette approche, la grappe regroupe en co-location un nombre limité de concepteurs, entrepreneurs et fournisseurs spécialisés qui s'engagent dans une collaboration intense pour concevoir et livrer un élément du bâtiment, avec les objectifs de réduire les coûts, augmenter la valeur et minimiser les pertes.

L'organisation du travail par grappes offre de nombreux avantages :

- Il réduit considérablement le nombre d'itérations entre les parties prenantes dans l'élaboration du produit;

- Il élimine les pertes dans le flot d'information en permettant l'exécution parallèle de la conception et la réalisation des composantes;

- Il facilite la gestion et le partage (synchronisation) de l'information tout en simplifiant la définition et la gestion de la cohérence des contraintes, maintenant structurées en fonction des composantes et de leur assemblage;

- Il s'harmonise avec l'intégration des découpages du produit et des processus;

- Il simplifie la gestion des exigences par la mesure de concordance hiérarchique entre spécifications et résultats de travail.

L'intérêt principal d'une telle approche pour l'organisation du travail est que le découpage du produit et du projet se retrouvent superposés. Leur intégration est rendue possible grâce aux résultats d'un autre projet de recherche : Woestenenk (1999) a développé un modèle de données, « le Lexicon », qui organise justement le processus de transformation des spécifications en solutions techniques par un découpage hiérarchique comprenant plusieurs niveaux de détails (voir Figure 25). Cette arborescence de développement de produit jouxte sous la forme de « hamburgers » les concepts fonctionnels - comportement de l'objet; et les concepts techniques - composition de l'objet; dans une chaîne continue.

Ce modèle constitue l'articulation clé pour intégrer le découpage des processus au découpage du produit par cellules ou grappes. La cohérence dans le processus d'élaboration du produit est réalisée en se servant du « Lexicon » comme ontologie et le protocole AECXML pour gérer l'interopérabilité entre applications. Cette étape franchie, il ne reste plus qu'à mettre en place les mécanismes pour la coordination des activités et des tâches concurrentes

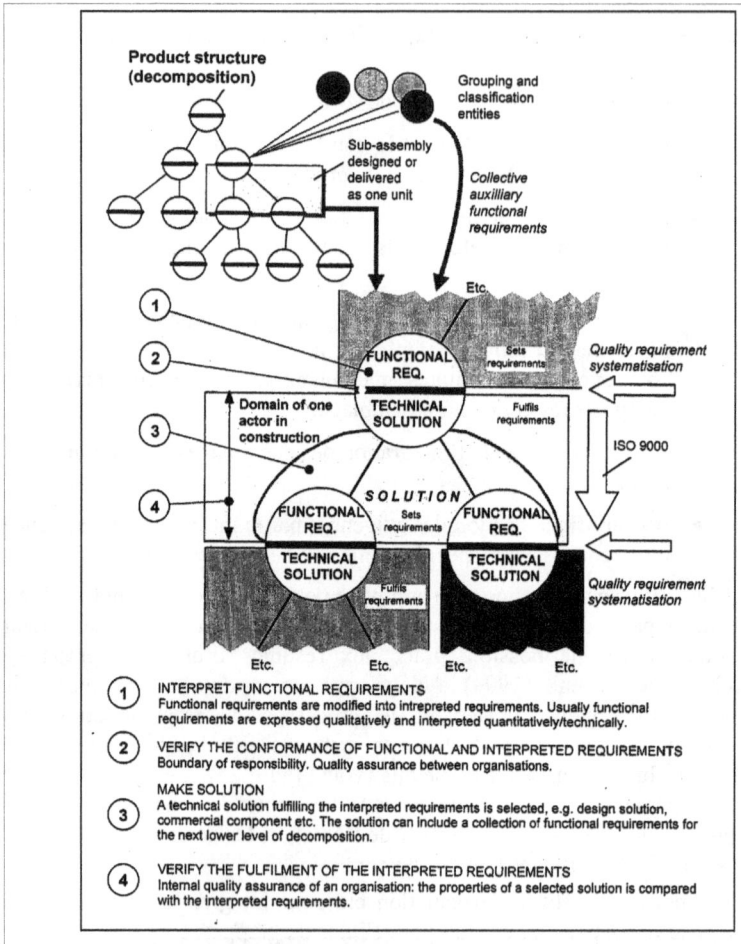

Figure 25 : Structure de l'ontologie du Lexicon

2.4.5 La coordination des activités et tâches concurrentes

La répartition du travail en fonction de composantes permet de systématiser la coordination des activités et tâches sous forme de modèles ou méthodes et d'en modéliser les interrelations. Dans une coordination séquentielle des processus, les activités ou les tâches représentent un découpage plus fin d'un processus ou lot de travail donné. La résultante de l'assemblage des éléments de travail associés à chacune d'elles sera un livrable : l'amorce d'un ou plusieurs processus subséquents. La coordination entre ces activités ou tâches se limite au processus qu'elles décomposent. Il n'y a pas habituellement d'interdépendance entre les activités d'un processus et les activités des autres processus. Pour coordonner le travail, il s'agira de les mettre en séquence pour créer un plan de gestion des activités et de tâches exprimé sous forme d'échéancier.

Lorsque les processus sont chevauchés, des liens d'interdépendances se créent entre leurs activités. Une activité peut nécessiter les intrants d'activités liés à d'autres processus ou doit alimenter d'autres activités ou tâches. Le degré d'interdépendance peut varier, mais il n'en demeure pas moins que le nombre d'interactions entre processus, activités et tâches se trouve multiplié par le degré d'accélération recherché. La chaîne d'interrelations devient ici un réseau complexe qui demande des outils appropriés pour le gérer. Les outils traditionnels de gestion de projet – graphique de Gantt et diagramme de réseau – n'offrent pas les fonctionnalités nécessaires pour planifier et suivre le travail dans un réseau d'activités et de tâches concurrentes.

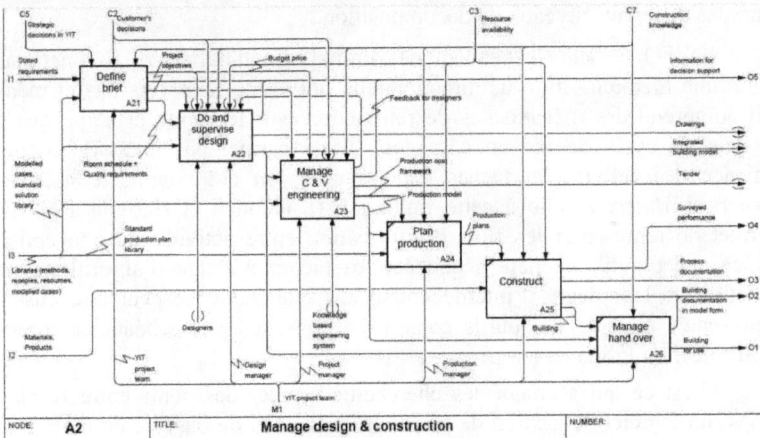

Figure 26 : Exemple de représentation IDEF0 (Source : Laitinen, 1998)

Dans le cadre de son programme de développement pour le *« Agile Manufacturing »*, l'US Air Force s'est lancé dans l'élaboration de nouveaux outils pour systématiser la planification des activités et tâches. Elle a d'abord mis au point le *« Structure Analysis & Design Technique »* (SADT) une technique de découpage des processus qui adressait les dépendances temporelles pour le séquencement des activités d'un programme plus large, le *« Integrated Computer Aided Manufacturing »* (ICAM). Le résultat de ces recherches a donné naissance à IDEF0 ou *« ICAM Definition Method Zero »*. IDEF0, maintenant disponible sous forme d'application, est devenu l'outil privilégié par le groupe de travail ISO STEP pour décrire les modèles d'activités et dessiner les chaînes de processus.

La raison de ce succès d'IDEF0 est que cette technique de modélisation est la plus simple pour spécifier les flots d'information entre processus et activités. Elle inclut aussi des mécanismes de rétroaction entre processus. Elle fonctionne sur le principe d'agrégation par niveaux similaires aux outils de découpage du travail, du produit ou de l'organisation. IDEF0 (Figure 26) présente ce découpage en 3 niveaux soit : le diagramme de contexte, point de départ du processus à cartographier; le diagramme de décomposition, pour représenter les différents niveaux d'activités et l'arborescence; le navigateur entre les différents niveaux de décomposition.

IDEF0 présente cependant des limitations importantes. Il fonctionne selon une hiérarchisation unidirectionnelle qui va du haut vers bas et même s'il comprend des mécanismes de rétroaction (sur le même principe que le modèle de cycle de vie en cascades), il ne permet pas une organisation efficace des activités et tâches concurrentes. Un autre outil, le *« Design Structure Matrix »* palie à cette limitation (Kahkonen et Huovila 1999). Il permet de représenter les flots d'information entre activités de conception. Grâce à cet outil, on peut séquencer les tâches à l'aide d'algorithmes en fonction de leur degré d'interdépendance. Cette séquence peut être ensuite représentée à l'aide des outils courants de production d'échéancier comme MSProject ou Primavera.

C'est ce qui a amené les chercheurs à créer des ponts entre IDEF0, DSM, un logiciel de gestion de projet et un logiciel de base de données pour automatiser la planification des activités concurrentes. Le projet « Adept » pour *« Analytical Design Planning Technique »* (Austin et al 1999) est l'un de ces projets. Il comprend trois composantes :

1. un modèle de processus de conception définissant les activités et leurs besoins en information (IDEFO);

2. Un outil d'analyse qui est liée au modèle via une BD et qui identifie la séquence optimale des tâches et des itérations dans le processus de conception (DSM);

3. Un programme de conception qui est intégré au plan de projet (diagramme de réseau).

Un autre projet, appelé « Mo-Po » pour « *Models for the construction Process* » (Hannus et al 1997; Karstila Björk 1999) vise la provision de méthodes, modèles et outils pour supporter un modèle de processus de conception/construction. Il ajoute à « Adept » la dimension de référentiel construit sur un modèle de processus où des gabarits sont organisés en fonction des catégories de bâtiments et des composantes de processus. Les gabarits sont assemblés et adaptés au projet spécifique et les relations et contraintes sont modélisées et validées dans un projet de construction virtuel.

Il n'existe pas encore d'outils appropriés pour gérer les activités et les tâches en simultané dans la construction. Cependant, les recherches récentes laissent envisager la possibilité dans un futur pas si lointain de disposer de tels outils. Dans l'intérim, le jumelage des outils comme il s'est fait dans le projet MO-PO fournit une certaine capacité de planifier et gérer le travail en simultané tout en fournissant un excellent canevas à la représentation du modèle unique préconisé pour le portail.

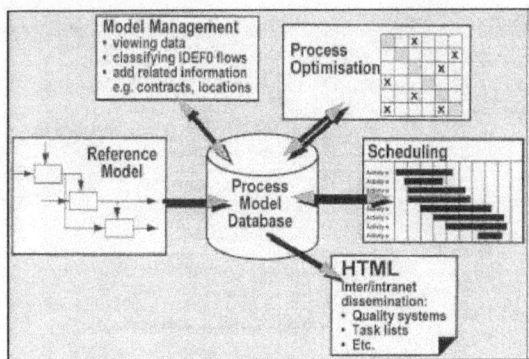

Figure 27 : Architecture de MO-PO

103

En résumé, le portail IS/CE doit donc offrir un ensemble de services pour supporter la coopération et la collaboration en simultané. Ces deux dimensions sont dominantes : le commerce électronique s'intègre à la base de connaissance moteur de la coopération, qui contient entre autres les profils et les gabarits pour les transactions; l'IS s'inscrit dans la dimension de la collaboration. Ces deux dimensions dominantes inspirent un concept du site représenté par une arborescence qui se scinde en deux. La première ramification, coopération et commerce électronique, fournit l'information sur le produit et les membres du réseau d'affaires. Les différentes arborescences utilisées pour organiser le projet sont regroupées sous la forme d'un modèle unique à l'intérieur de la base de connaissance pour présenter l'information en représentation en 4 dimensions (3D + temps) du produit, des processus, du travail et des ressources et de leurs interrelations sous la forme de liens entre activités et tâches concurrentes. La deuxième ramification de l'arborescence définit l'environnement de travail intégré en co-location. Il comprend les outils de collaboration, d'IS, de gestion de projet et de coordination qui seront revus en détail avec la présentation des fonctionnalités.

CHAPITRE 5

PRÉSENTATION DE L'ARCHITECTURE DU PORTAIL IS/CE

L'objectif du portail est de fournir un espace de travail en co-location virtuelle offrant une gamme de services accessibles grâce aux fonctionnalités IS/CE disponibles à travers un fureteur pour supporter la coopération et la collaboration en IS dans un marché électronique. Le choix des collaborateurs se fait grâce aux outils de commerce électronique compris dans le portail pour gérer ce marché.

La structure des processus du nouveau modèle d'affaires se doit d'être supportée par une architecture d'information qui sera le canevas pour les services et fonctionnalités offerts. C'est ce qu'avaient fait Evbuomwan et Anumba (1996) en superposant un système d'information formé de bases de données et de bases de connaissance distribuées comme supports aux divers outils et techniques de l'IS supportant la structure de processus.

Le projet européen CONCUR ou « *Concurrent Design and Engineering in Building and Civil Engineering* » (Storer, 1997; Masat 1999) (Hannus Aarni 1999) fait un pas de plus dans cette direction en proposant des bases de données distribuées asynchrones entre les applications des participants au réseau d'entreprises virtuelles et l'intégration des processus et de l'équipe supportée par les TER. L'architecture du système de gestion de l'information se compose de deux couches, la première gérée par l'Intranet de chaque entreprise, l'autre dans l'équivalent d'un extranet. CONCUR met l'emphase sur le système inter-entreprises pour l'échange d'information des documents et l'implantation de systèmes de BDOO. Son architecture est construite sur un système commercial d'EDMS/PDMS enrichi d'un partagiciel et des outils d'entreposage de données basés sur ISO STEP (ISO/TC184/5C4, 1994).et la classification des documents selon la « *Industry Foundation Class* ».

Ces deux propositions d'architecture utilisent les TI comme leviers dans un environnement de bases de données distribuées. La première a l'intérêt de faire le pont entre processus, outils et technologies. Cependant, elle demeure un concept sans suite pratique d'implantation. La deuxième propose une solution qui connecte les systèmes d'information des entreprises sans toutefois offrir de capacité réelle de gestion concurrente des activités. Pour pallier à cette carence, il est proposé de développer un modèle de processus préalable sur IDEFO. Pourtant l'expérience d'utilisation d'IDEFO dans le manufacturier a démontré les limitations de cet outil à une planification conceptuelle d'une chaîne de processus et les faiblesses de ces outils pour la planification de processus concurrents (Pallot Sandoval 1998). De plus, un modèle théorique développé sur IDEFO comporte le désavantage important d'être statique, handicap sérieux pour gérer un environnement en changement constant.

L'université de Lauzanne en Suisse développe un projet d'environnement « *Web* » de collaboration pour la conception couplé à un système de gestion de documents. Cet environnement sert de canevas pour le développement et la dissémination d'outils pouvant être utilisés par un seul partenaire ou l'équipe entière. La Figure 28 en décrit le principe (architecture) de fonctionnement

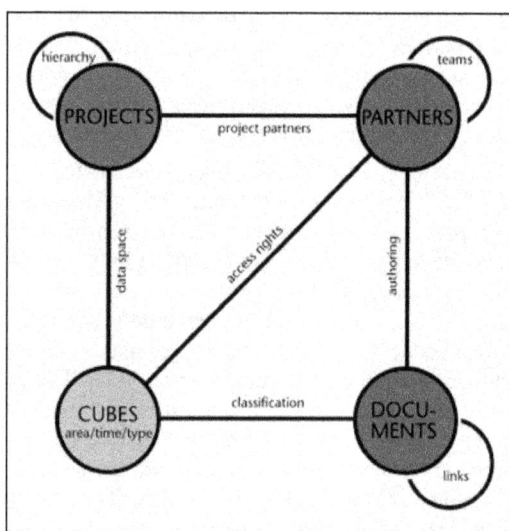

Figure 28 : Architecture de l'environnement de collaboration

Ce projet pilote, même s'il ne vise pas spécifiquement l'utilisation de l'IS/CE, comporte des caractéristiques remarquables et de grand intérêt. Les principes énoncés dans son architecture par exemple (Figure 28), expriment avec une grande simplicité le cadre de collaboration. Les nœuds du carré (ou plutôt du cube exprimé par les nœuds en retrait) identifient les principales composantes : projets pour lesquels on définit des partenaires documents produits par les partenaires et le système d'information; un entrepôt de données ou « *Cubes* » dans lequel est répertoriée l'information selon l'auteur et le projet. Les liens indiquent les interrelations entre ces nœuds.

Autres caractéristiques d'intérêt : l'interface de collaboration, un outil de support à la décision en équipes pluridisciplinaires et un outil de gestion de la cohérence des contraintes[24]. L'interface de collaboration se distingue de celui offert par « *E-vis* » par un espace de travail hautement sophistiqué pour supporter les processus de conception. De plus, les outils de planification des décisions et de paramétrisation des contraintes permettent à des équipes distribuées géographiquement de s'entendre sur la séquence de décisions de conception et sur les paramètres à l'intérieur desquels des équipes doivent travailler.

L'angle de recherche de ce projet se limite à un seul volet du cycle de vie du projet. Il réplique les façons de faire traditionnelles et présente un espace de travail très complexe, donc hors d'atteinte de la majorité des acteurs de l'industrie. Cependant, ce projet couplé aux constats de l'analyse du partagiciel « *E-vis* », permet d'esquisser avec un bon degré de confiance à quoi pourrait ressembler l'environnement de travail intégré. Il offre de plus une stratégie évolutive de greffer et de faire évoluer progressivement des outils en fonction de la capacité des collaborateurs impliqués dans la conception, une idée fort intéressante qui sera développée plus loin.

Les deux premiers projets de recherche aident à compléter le tableau en apportant certains détails relatifs entre processus outils et systèmes d'information et en définissant les interactions possibles entre les systèmes d'information des entreprises individuelles et un système d'information fédérateur au niveau du réseau d'affaires. A partir du canevas établi dans la définition des caractéristiques et du concept et suite à l'analyse de différents projets de définition d'architectures pour supporter une ou plusieurs des dimensions recherchées, il est maintenant possible de dériver une architecture de base pour le portail, exprimée sous la forme de l'arborescence que l'on retrouve à la Figure 29. Cette arborescence comporte deux ramifications principales:

- l'information sur le produit d'où se fait la gestion de la connaissance en support à la coopération et au commerce électronique pour emmagasiner, échanger et transformer

---

[24] Voir annexe 2

l'information en connaissance devant servir à la réalisation du produit : le bâtiment et pour maintenir l'information sur les profils d'affaires des participants au marché électronique en regard de la chaîne d'approvisionnement;

- l'environnement intégré d'où l'on accède les outils IS/CE pour supporter la collaboration et l'IS et fournir les interfaces entre humains outils et systèmes.

La gestion de la connaissance constitue le siège du savoir du portail de construction. Il regroupe sous un modèle unique les différentes perspectives élaborées à partir de la représentation 3D du modèle de produit. Il comprend l'entrepôt de données, les outils d'orpaillage et de « *Case Base Reasoning*» (Rankin. Froese et Waugh. 1999) ainsi que les outils qui permettent de visualiser, manipuler, simuler le fonctionnement et obtenir les paramètres des contraintes qui guideront la transformation de l'information en représentation virtuelle du bâtiment et de son découpage en composantes et éléments (Ekholm et Fredrist, 1996; Forgber, 1999; Staub, Fisher, 1999) . On y retrouvera aussi les référentiels de représentation 2D et 3D par catégorie de bâtiment et les informations associées : les catalogues de produits; les dictionnaires et l'annuaire des participants avec la description de leur profil; et les gabarits de transaction AECXML.

Le volet « outils IS/CE » fournit les interfaces entre les différents intervenants du marché électronique pour organiser dans le temps (la quatrième dimension) les chaînes de valeurs et d'approvisionnement et pour gérer les flots d'information et de travail supportant la structure de processus supportant la conversion des exigences en produit fini. Il offre entre autres :

- des espaces de travail personnalisés taillés sur mesure selon le cadre de travail et les interventions spécifiques de l'intervenant;

- des outils pour charger et archiver l'information particulière d'une organisation et de limiter les droits de partage;

- le cadre de coordination pour la gestion du projet et le support à la prise de décision.

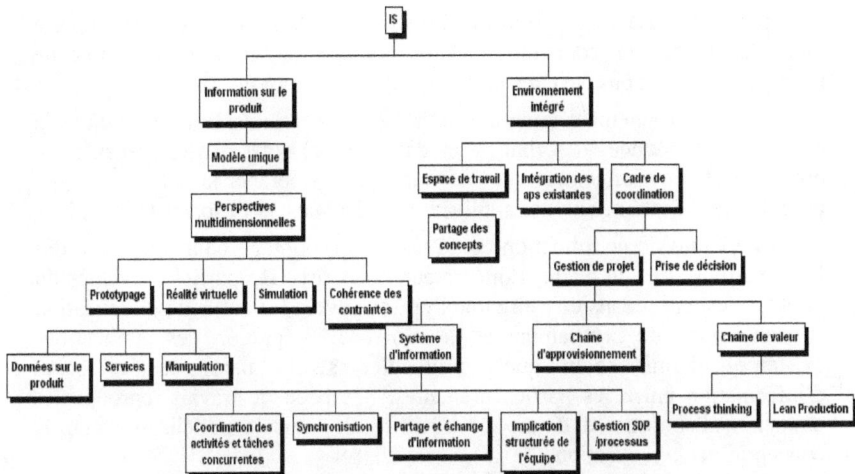

Figure 29 : Arborescence de l'architecture du portail

Le découpage sur l'information du produit s'articule autour d'un modèle unique, gabarit pour chaque nouveau projet, autour duquel sont dérivées des perspectives multidimensionnelles du produit en fonction des exigences, des processus, des ressources et des procédés. Ces perspectives sont accessibles, à chacun des niveaux de décomposition du produit, en composantes puis en éléments de travail. On y retrouve aux niveaux inférieurs de cette ramification de l'arborescence des services et des groupes de fonctionnalités.

Chacun de ces groupes propose des outils pour la manipulation et l'altération de représentations à 3 dimensions des objets, éléments ou composantes du modèle sous forme statique (prototypage ou réalité virtuelle) ou dynamique (simulation). Sur le même principe des bases de données à référence spatiale, chaque élément est référé à l'information sur celui-ci : ses caractéristiques, son assemblage, les autres éléments auxquels il se joint et comment il s'insère dans le processus de production de la composante. Les concepteurs ont ainsi accès en temps réel à toute l'information nécessaire pour soutenir la prise de décision dans le cycle de conversion.

La dernière série de fonctionnalités touche le maintien de la configuration lors du développement de la représentation du futur bâtiment entre les multiples transformations des éléments par la gestion de la cohérence

109

des contraintes. Le volet « information sur le produit » répétons-le, supporte toute la dimension coopération. Une branche de cette ramification de l'arborescence n'a pas été exprimée, celle du commerce électronique.

« L'environnement intégré » définit l'ergonomie de l'interface entre la base de connaissance du portail (le modèle unique) et les parties prenantes au projet. Cet environnement se découpe en 3 branches : le cadre de coordination; l'intégration des applications existantes; et l'espace de travail.

Le cadre de coordination est la cabine de pilotage pour la gestion des interrelations entre le client, l'intégrateur et les diverses parties prenantes du projet. C'est aussi dans ce cadre que l'on retrouvera les outils de planification et contrôle IS de programme et de projet. L'intégration des applications existantes définit selon quels protocoles seront partagées les bases d'information entre les parties prenantes. L'espace de travail regroupe les outils de collaboration et donne accès aux divers outils de modélisation pour la conception et la réalisation.

5.1 Le cadre de coordination

Pour bien saisir le rôle du cadre de coordination, reprenons la description de la Figure 22[25]. Il décrit le portail au centre du flot d'information qui supporte le cycle de conversion du besoin exprimé par le client au bâtiment de ce flot qui transforme C'est à l'intérieur de ce flot que se fera la transformation de l'information en connaissance. Le résultat sera une représentation virtuelle du bâtiment avec toute l'information pour le réaliser.

De part et d'autre du flot se trouvent l'expression de la chaîne de valeurs et la chaîne d'approvisionnement. C'est à travers ces deux chaînes que se fera la réalisation concrète du bâtiment.

Le flot d'information fournit les intrants nécessaires à l'exécution du travail à l'intérieur des processus de chacune des chaînes. Le cadre de coordination permet de s'assurer de la cohérence entre les processus de gestion de projet et d'élaboration de produit dans le contexte d'un marché électronique. C'est un concept qui est nouveau et qui mérite une certaine mise en contexte.

La gestion de la chaîne de valeur consiste à contrôler, manipuler et diriger la séquence des activités qu'une compagnie entreprend pour créer des

---

[25] Section 4.1

110

produits ou services qui augmentent les profits, diminuent les délais et les coûts, et améliorent la qualité de la compagnie tout en générant de la valeur au client. On entend par valeur une quantité, qui croit lorsque la satisfaction du client augmente ou les dépenses associées au produit diminuent. (Lindfors 2001).

La gestion de la chaîne d'approvisionnement dans la construction consiste à maîtriser les processus pour initier, planifier, exécuter contrôler et fermer le flot d'information, de matériel et équipements dans des chaînes d'approvisionnement inter organisationnelles cohérentes pour une réalisation du projet dans les délais et les coûts (Asbjorslett 1998). La gestion systématique de la chaîne d'approvisionnement représente une opportunité de taille dans l'optimisation de la production : c'est le coût le plus important dans les projets de grande envergure ; il peut avoir un impact important sur le projet et le calendrier.

Le cadre de coordination permet une gestion intégrée du flot d'information et des chaînes d'approvisionnement et de valeurs. Il comprend la gestion de projet et la prise de décision. Les outils de gestion de la prise de décision sont essentiels pour faciliter un flot d'information continu tout en maintenant le contrôle managérial. Les travaux de l'université de Lauzanne et de El-Bibany et Lynch (El-Bibany H. Lynch T. 1999) esquissent ce à quoi pourraient ressembler les outils et les fonctionnalités pour les supporter. Cependant le choix de ces outils sera dépendant du système de gestion de projet : outils pour s'assurer que le bâtiment sera livré dans les délais, selon les coûts et à la satisfaction des parties prenantes. C'est pourquoi une attention particulière sera portée sur cet aspect du cadre de coordination. Le système de gestion de projet comprend 3 volets :

- le système de gestion de l'information de projet;

- le système de gestion de la chaîne d'approvisionnement;

- le système de gestion de la chaîne de valeur.

Le système de gestion de l'information de projet permet de définir les intervenants et leur rôle dans le cycle de vie de projet, de faire la planification et contrôle et de gérer les flots d'information et de travail. Le système préconisé ici se distingue des systèmes corporatifs de gestion de projet à interface Web par l'ajout de fonctionnalités IS pour coordonner les activités et tâches en concurrence. Dans le cadre traditionnel de la construction, la fragmentation rend difficile l'utilisation systématique des outils et des processus de gestion de projet les plus simples. Avec la réingénierie des processus proposée dans le cadre du marché électronique, il est ici possible de systématiser la gestion de projet. Mais la principale révolution qu'apportera cette transformation sera le passage d'un cadre statique et coûteux de gestion de l'approvisionnement et du système de valeurs à un cadre d'une grande flexibilité et transparence.

La gestion des chaînes de valeur et d'approvisionnement dans un environnement d'affaires non fragmenté est relativement simple: l'entreprise dominante dictera la structure de la chaîne de valeurs et construira la chaîne d'approvisionnement selon ses exigences. La chaîne de valeurs demeurera relativement fixe. Dans le cycle de productivité (valeur+ approvisionnement + flot d'information), seule la chaîne d'approvisionnement sera modifiée pour réduire les coûts et augmenter la part de marché. Un cadre de coordination de la chaîne d'approvisionnement peut être assuré par un ERP relié à l'aide de technologies comme l'EDI (Callaghan, 1995) qui sont imposées par l'entreprise dominante pour réduire les coûts de gestion de la chaîne d'approvisionnement. La Figure 30 illustre ce cycle.

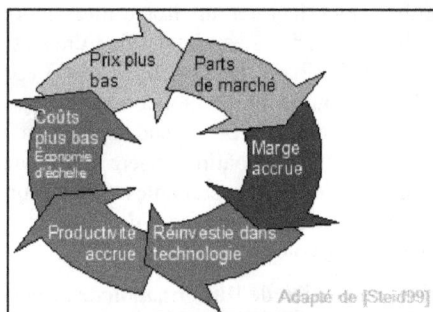

Figure 30 : Cycle de productivité traditionnelle

Dans un environnement virtuel où le produit n'est pas imposé au départ par l'entreprise dominante, mais déterminé par le client, des chaînes co-dépendantes sont assemblées et déconstruites au gré des opportunités d'affaires. Kalakota (2000) qualifie le déplacement du cycle de productivité traditionnel à celui du « *e-business* » d'inversion de la chaîne de valeurs (Figure 31).

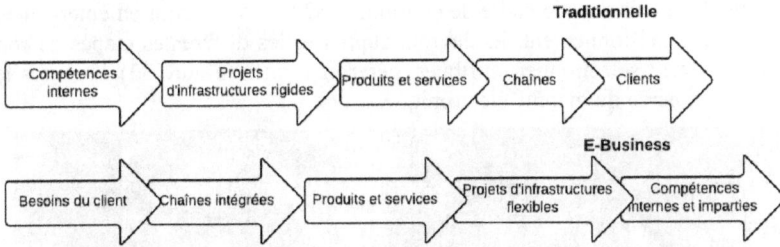

Figure 31 : Inversion de la chaîne de valeurs

La Figure 32 illustre le nouveau cycle qu'entraîne l'inversion de la chaîne de valeurs. Dans le modèle de produit sélectionné par le client, plusieurs options s'offrent pour la définition de chacune des composantes. Il en est de même dans le choix des équipes de conception et de réalisation. Les vendeurs doivent accompagner l'acheteur dans ces décisions pour établir le contenu et la configuration du produit désiré et dans sa réalisation.

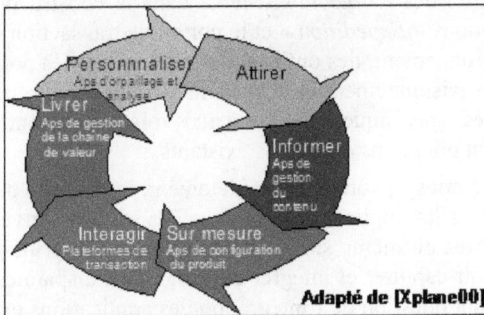

Figure 32 : Cycle de productivité dans un marché électronique

Les outils traditionnels de gestion de projets que l'on retrouve pour l'élaboration du produit ne suffisent plus dans un tel contexte. Doivent s'y ajouter des nouveaux outils pour assurer la planification et la conception des chaînes de valeur et d'approvisionnement, la coordination d'un flot continu d'information durant l'ensemble du cycle de vie pour la gestion du contenu et le maintien de la configuration ainsi que le support à la prise de décision.

113

A quoi pourraient ressembler les outils et fonctionnalités attachées à la gestion de la chaîne d'approvisionnement et à un système de gestion de la chaîne de valeur dans le cadre de coordination? Ces outils sont en émergence. Pour l'approvisionnement, ils devront supporter les différentes étapes de son cycle de vie : sélectionner, attribuer, gérer et fermer (Figure 33) à travers le volet commerce du marché électronique.

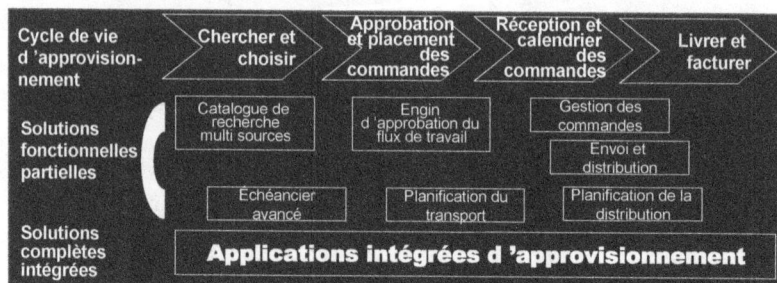

Figure 33 : Gestion de la chaîne d'approvisionnement

Il en est de même pour la gestion du cycle du système de valeur illustré à la Figure 35. La dimension « commerce électronique » a été la locomotive de la révolution des « *dotcom* ». Même dans la construction, *« Primavera »* avec ses solutions *« Expedition »* et le portail de transaction *« Prime Contact »* offre un environnement, des outils et des fonctionnalités pour gérer à la fois la chaîne d'approvisionnement et le système de valeurs. On peut penser que les fonctionnalités spécifiques à ces deux volets pourront être directement dérivées des applications et portails existants.

Comme nous l'avons vu précédemment, la majorité de l'information est disséminée dans les applications individuelles et corporatives des membres du réseau d'affaires ou même sur du support papier. Le principal défi du portail sera de pouvoir capturer et intégrer ces fragments disparates d'information. Il sera maintenant question de l'intégration des applications existantes au portail afin d'harmoniser le flot d'information entre systèmes.

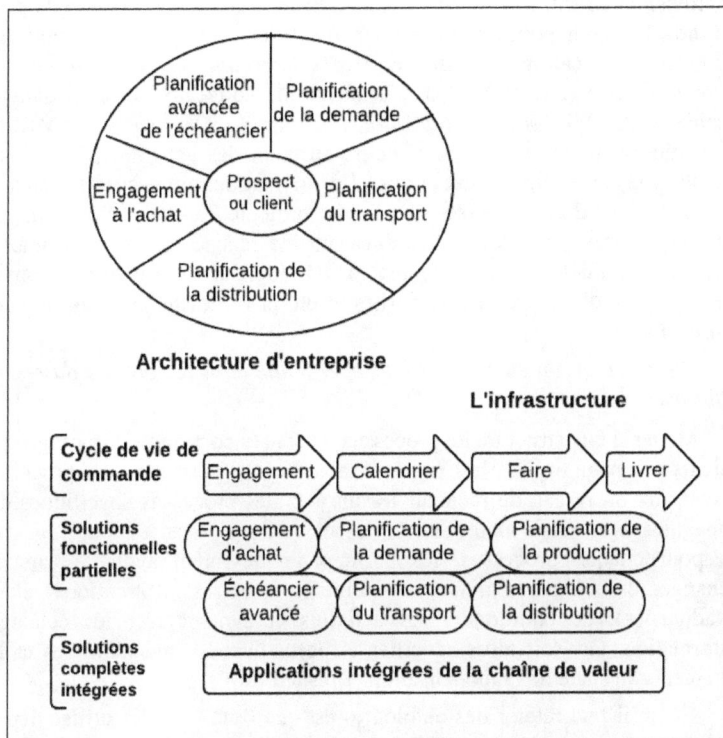

Figure 34 : Gestion du système de valeurs

5.2 L'intégration des applications existantes

De grands efforts sont déployés depuis quelques années pour sortir l'industrie de la tour de Babel que les technologies n'ont fait qu'amplifier en compartimentant l'information de projet selon les applications utilisées. Ces efforts se concentrent sur trois volets, l'interopérabilité (IAI), la création d'ontologies normalisées (*Industry Foundation Classes*, ISO-STEP, Lexicon) pour l'organisation de l'information; et le développement de gabarits d'échange d'information pour le commerce électronique (AECXML). Un des grands défis du modèle de produit est de se nourrir des fragments de la connaissance de projet parsemés dans les différentes fonctions de la chaîne d'approvisionnement. L'approche la plus sensée à court terme est celle prise par l'industrie pour pousser le développement de l'interopérabilité entre les différentes applications à travers le « *International Association for Interoperability* » (IAI 1998). XML a ouvert de nouveaux horizons dans ce domaine. AECXML (pour *Architecture, Engineering, Construction* XML) est l'orientation prise par le IAI pour mettre au point des gabarits spécifiques à l'industrie. C'est en ligne directe avec les orientations proposées ici pour le développement d'un modèle d'affaires articulé autour d'un marché électronique. Des progrès considérables ont été réalisés en ce sens grâce à XML qui permettent par exemple à un logiciel d'estimation comme « *Timberline* » d'extraire des quantités d'un plan dessiné sur un logiciel « *Autocad* ».

Qu'est-ce qu'on entend par interopérabilité dans le contexte du réseau d'affaires?

Même si une structure de processus d'affaires commun est partagée par plusieurs compagnies, ce n'est pas suffisant. On doit permettre aux processus transversaux du réseau de recevoir les intrants des processus spécifiques des compagnies avec leurs méthodes, règles et outils propres. Ce qui veut dire que, pour chaque processus, les participants devraient avoir la capacité d'échanger des objets (extrants), événements et autres informations reliées (métadonnées), de coordonner les activités et synchroniser les échanges d'information. On doit alors spécifier et normaliser les métadonnées et les événements au stade de la modélisation (Bresnen 1990).

Ce qu'il faut retenir des ontologies est que l'industrie les utilise depuis fort longtemps pour structurer l'information de construction en fonction de catégories de travail ou spécialités. Une révision de ces ontologies a déjà été entamée par plusieurs groupes. Les Lexicon ISO-STEP et IFC offrent une base solide pour supporter l'organisation de la connaissance dans le marché électronique.

Le dernier volet à couvrir pour compléter l'environnement intégré en co-location virtuelle est l'espace de travail par lequel chacun des usagers pourra interagir avec le portail. C'est dans cet espace que l'on retrouvera l'ensemble des fonctionnalités attachées aux outils IS/CE.

5.3 L'espace de travail

On qualifie d'espace de travail l'environnement d'exécution des tâches qui apparaît sur le poste de l'usager. Dans le cas du portail, l'espace de travail est accessible par le fureteur et présente les outils de navigation ainsi que les outils et fonctionnalités spécifiques à l'activité à réaliser. On peut considérer que l'espace de travail du portail IS/CE donne accès à un environnement intégré de plus grande amplitude similaire à ce que l'on retrouve dans les applications intégrées de grandes entreprises tels les « *Enterprise Resource Planner* » (ERP). Cependant le réseau holonique ne dispose pas du pouvoir de l'entreprise d'imposer un nouvel environnement informationnel. Pour être adopté, l'espace de travail doit compter sur son attrait, sa convivialité et sa performance à générer des bénéfices rapides et tangibles.

L'espace de travail que l'on retrouve dans les portails verticaux ouvre une première piste pour en définir le contenu et l'ergonomie. En effet, il a fallu y créer de toutes pièces un espace suffisamment simple pour que des usagers relativement profanes puissent en comprendre intuitivement les règles et le fonctionnement et ce, dans un laps de temps relativement court. La conception de cet espace se heurte à des difficultés en apparence contradictoires : la création d'un espace universel et non discriminant, utilisable et familier pour toutes les fonctions impliquées, simple et de haute valeur ajoutée.

Les environnements de travail des portails verticaux se ressemblent beaucoup d'un à l'autre. Ils présentent une arborescence qui donne accès à un ou plusieurs espaces de travail ou à des applications ASP: gestion de projet ou gestion du parc immobilier et CAO 2D/3D (Bricsnet), collaboration et gestion du flot de travail (Citadon), collaboration, gestion de l'information ou commerce électronique (*B2B Manufacturing*)[26]. Première observation, l'éventail de leurs fonctionnalités demeure relativement limité ou leur usage ardu. Toutefois, deux recherches intéressantes viennent enrichir ces premiers efforts. La première, dont il a déjà été question, propose un espace dédié aux professionnels, la deuxième suggère un environnement avec une arborescence graphique qui permet de naviguer vers un espace de travail contextuel, ajusté selon le cycle de planification du projet. L'université de Lausanne (Lottaz C. Stouffs R. Smith I. 2000), dans son projet d'environnement de collaboration

---

[26] L'annexe 2 présente les caractéristiques principales de ces espaces

« *Web* », a introduit un espace de travail avec des fonctionnalités avancées de conception 3D, de paramétrisation des contraintes et de gestion de la prise de décisions, outils essentiels pour le travail en simultané.

Un projet de recherche de l'université de Karlsrube (Forgber, 1999) se consacre spécifiquement sur la définition d'un espace virtuel de travail en collaboration distribué. Il développe, sur des définitions dynamiques et personnalisées, des structures pour l'utilisation spécifique d'outils, de ressources et de bases de données requises pour le projet. Basé sur les éléments clés des théories de systèmes et des théories sur la conception, cet espace de travail supporte une approche de planification ajustée en fonction du cycle de vie. Il présente deux niveaux d'abstraction, le premier au niveau de l'organisation du projet, le second au niveau de diverses aires de contexte spécifiques aux fonctions.

Ces deux projets de recherche ainsi que les environnements de collaboration que l'on retrouve sur les portails laissent entrevoir à quoi pourrait ressembler un espace de collaboration adapté au contexte de l'IS/CE. On a optimisé dans les portails commerciaux l'interface pour offrir la simplicité et maximiser la valeur des outils offerts. Cependant, le portail projeté ici ne peut se contenter d'un éventail aussi limité d'outils. Le premier projet de recherche présente un espace de travail sophistiqué, beaucoup plus dans l'esprit de ce qui est recherché. Cependant cette complexité crée ses propres limites, en habillant l'espace d'un hermétisme ténébreux. Toutefois, le projet de recherche de l'université de Karlsrube ouvre une avenue fort prometteuse : un découpage de l'espace de travail cadencé au rythme des phases d'élaboration du projet.

Il n'y a qu'un pas à franchir pour passer de ce concept d'une transformation dans le temps des services et fonctionnalités de l'espace de travail à un environnement dicté en fonction de paramètres précis tels : les fonctions; les rôles; la phase du projet (définition, conception, construction, mise en service, opération); les activités et tâches selon la structure de processus, la capacité ou la maturité.

Des recherches sur la création d'espaces personnalisés pour l'accès intensif de bases de données « *Web* » supportent cette hypothèse (Fraternali, 1998). Elles nous amènent à décrire un type d'espace de travail nouveau, adaptable selon une série de paramètres et selon la façon de travailler de l'usager. Car elles laissent entrevoir dans un avenir rapproché la génération par le portail d'espaces configurés selon ces paramètres et dont l'interface pourrait même s'adapter à la logique de travail de l'usager (Ceri Fraternali Paraboschi 1999;Atzeni Mecca Merialdo 1998) grâce à des applications comme « *Autoweb* » (Ceri et al 1998).

Avec cette capacité de configuration paramétrée entre autres à partir du profil de l'usager, il devient possible d'adresser la complexité de l'environnement IS/CE sans alourdir inutilement l'espace de travail de chacun des usagers. L'information et les outils présentés à l'architecte seront au début très différent pour le propriétaire ou l'intégrateur. De plus, les fonctions, les outils et les informations requis vont changer avec le cycle de vie. Par exemple, on utilisera des outils de planification des coûts et des délais dans le cycle de planification et des outils de contrôle lors de la réalisation. Enfin, le degré de sophistication requise dans l'utilisation des outils va varier selon la maturité des utilisateurs. Avec les outils de personnalisation, l'environnement de travail est calibré selon ces éléments, offrant ce qui était recherché : une interface simplifiée avec un contenu à haute valeur ajoutée.

Les éléments clés de l'architecture sont tracés. La dernière étape consiste à identifier les groupes de fonctionnalités qui viendront automatiser ou supporter la structure de processus.

5.4 Les fonctionnalités

Nous avons défini le portail en fonction de quatre dimensions : la coopération, la collaboration, l'IS et le commerce électronique. L'architecture du portail IS/CE adresse, par le volet gestion de connaissance, les dimensions coopération et commerce électronique. Les groupes de fonctionnalités recherchées dans ce volet visent, d'une part, la sélection, l'accès, la manipulation et l'adaptation de différentes composantes du modèle de produit aux spécifications énoncées par le client, d'autre part les requêtes à partir des catalogues de produits ou des fournisseurs et entrepreneurs spécialisés.

On retrouvera, dans le volet environnement intégré, les fonctionnalités de collaboration et d'IS se rattachant, au niveau du réseau d'affaires, à la gestion des processus suivant la structure énoncée plus haut et au niveau des équipes de conception et de réalisation, des sous-processus spécifiques au projet. L'accès à toutes ces fonctionnalités se fera à l'intérieur d'un espace de travail partagé, directement à travers l'interface que constitue le fureteur. La gamme de fonctionnalités disponibles va varier selon le degré d'avancement, le degré de maturité de l'utilisateur, la fonction et la tâche à accomplir.

L'adhésion à la nouvelle structure de processus et au cadre du marché électronique représentent une première adaptation de taille. Elle demande d'abord une révision des façons de faire et un apprentissage des outils et systèmes qui supportent les nouveaux processus en fonction d'un cycle de vie repensé. Davenport (1993) parlerait ici de révolution : développer la capacité nécessaire pour atteindre ce seuil. Cette révolution exigera un préalable, soit définir un parcours d'apprentissage pour faciliter la transition d'un mode de travail séquentiel à un mode de travail concurrent.

Passé ce seuil, les intervenants devront évoluer dans un nouveau contexte. La maîtrise des outils et systèmes se fera de façon progressive. Nous avons dit que l'environnement de travail sera personnalisé. Deux paramètres dominants serviront à calibrer les fonctions disponibles afin de guider les usagers dans ce parcours d'apprentissage. Ils permettront d'une part de transformer progressivement le cycle de vie, d'autre part, par un encadrement de l'évolution de la maturité, de passer de l'éveil à la sagesse dans l'utilisation des outils IS/CE.

5.4.1 Repenser les fonctionnalités en fonction du cycle de vie

Les figures 20, 21 et 22 à la section 3.1.8, présentent une structure de processus clés et un découpage de cette structure qui secouent des paradigmes importants de la construction en proposant :

- La polarisation de la responsabilité des processus clés d'élaboration du produit entre deux acteurs : l'acheteur principal (le client) et le vendeur principal (l'intégrateur);
- La déconstruction de la hiérarchie des rôles et des relations entre professionnels, entrepreneurs et fournisseurs sous la forme simplifiée d'acheteurs et de vendeurs;
- Un partage fluide et transparent de l'information entre tous les acteurs;
- Une approche de l'approvisionnement en partenariat.

Ces changements de paradigmes ont un impact direct sur les environnements dans lesquels l'information sera partagée et les fonctionnalités qui seront mis à la disposition des différents usagers. Les barrières traditionnelles entre les processus des différentes fonctions et l'hermétisme des outils spécialisés doivent être progressivement éliminées. On recherchera à évoluer vers des outils intégrés détachés du cadre spécifique d'un domaine d'application.

Les tableaux 10 et 11 font une première représentation des processus de la nouvelle structure proposée. Chacun de ces processus est découpé en une série d'actions à valeur ajoutée (flot) exécutées à l'aide de ressources utilisant des outils, méthodes et systèmes appropriés dans la réalisation du livrable du processus. La définition des outils logiciels qui supporteront la chaîne de processus tout au long du cycle de vie établit une première cartographie des fonctionnalités rattachées à chacun de ces outils.

Comme le montrent ces tableaux, le flot d'information se fait d'une part à l'horizontale entre le client et l'intégrateur, d'autre part à la verticale entre les différentes parties prenantes qui seront intégrés de part (client) et d'autre (intégrateur) au fur et à mesure que les composantes du bâtiment seront détaillées.

L'intérêt du modèle unique pour gérer la connaissance est que l'interface de base pour avoir accès et manipuler l'information sera la même des deux côtés (le client et l'intégrateur) et comprendra un set de fonctionnalités de base similaires. Cependant les parties prenantes groupées autour de l'intégrateur disposeront au départ de fonctionnalités plus sophistiquées pour manipuler et transformer l'information tirée du modèle. Par exemple, le client n'aura pas accès aux outils de conception pour modifier les composantes et les éléments du modèle générique, ni aux outils spécialisés, entre autres pour la définition et la gestion des contraintes. Cependant, il aura à sa disposition des outils de visualisation 3D et d'annotation sur les dessins qui lui permettront de suivre et commenter en temps réel l'évolution de la représentation virtuelle du bâtiment.

Le tableau 10 décortique le premier volet du cycle de vie qui vise à créer des spécifications neutres et à procéder à l'appel d'offres et à l'adjudication du contrat. Il décrit le flot d'information/de travail pour définir, à partir du modèle de produit, les exigences, leur solution fonctionnelle et leur solution technique (Evbuomwan et Anumba, 1996; Vanier Lacasse Parsons 1999).

Le livrable peut consister à un modèle générique retenu et paramétré selon les exigences fonctionnelles et critères techniques spécifiques au client et aux contraintes du site. Le plus grand avantage d'un environnement informationnel partagé est au démarrage du projet. Comme le soulignaient Yates et Eskander (1997) les délais de planification des projets ne sont souvent pas mesurés. Ils peuvent pourtant s'étendre sur des mois, voire des années. Dans l'environnement proposé, le client a accès d'une part à des gabarits qui l'aideront à formaliser des exigences dans un temps record et d'en évaluer visuellement l'à propos et d'autre part les intégrateurs et leur équipe ayant accès à cette même base d'information (un modèle de produit), ils peuvent réaliser en un court laps de temps un concept détaillé aux altérations successives au modèle de produit retenu par le client pour tailler sur mesures selon ces spécificités recherchées. Ce dernier a par la suite une référence précise pour évaluer la valeur des solutions par rapport aux énoncés et leur coût bénéfice. L'intérêt d'offrir aux parties prenantes les mêmes fonctionnalités de base est qu'ils peuvent prendre connaissance et échanger sur un cadre d'information partagé et universel.

Découpage du processus client (partie 1)

Tableau 10: Découpage du processus client (partie 2)

ACTIVITÉS	ACTIONS	INTRANTS	PRODUCTEUR
PRODUCTION DU DEVIS DE PERFORMANCE (CLIENT)	• Faire programme fonctionnel • Estimer • Définir AV : composantes, fonctions et critères • Préparer devis de performance	• Cas similaires • Gabarit d'AV • Gabarit de critères de performance	• Chargé de projet client • Architecte client • Usagers
PRODUCTION DES OPTIONS : CONCEPTS	• Volumétrie et site • Organisation spatiale • Expression architecturale	• Programme • Devis de performance • Cas similaires	• Architecte • Ingénieurs structure et ÉM
ÉVALUATION DES CHOIX ET CONCEPT	• Valider la conception (coût, valeur et efficacité) • Valider les options de composante • Développer le modèle de produit	• Statistiques • Gabarit de modèle de produit	• Architecte • Ingénieurs • Entrepreneur • Estimateurs
PRODUCTION DE L'ESQUISSE PROFESSIONNELS/ENTREPRENEUR	• Composer la chaîne d'approvisionnement • Composer le modèle de production • Développer l'esquisse	• Modèle de produit • Librairie de cas	• Architecte • Ingénieurs • Chef de projet • Gérant de construction • Entrepreneurs
PRODUCTION DE L'ESQUISSE PROFESSIONNELS/FOURNISSEURS	• Définir et valider les solutions constructives par spécialité	• Librairie • Modèle de produit et de production	• Fournisseurs • Professionnels • Estimateur
FINALISATION DE L'OFFRE	• Finaliser l'esquisse et les choix constructifs • Bloquer les prix avec les fournisseurs	• Documents de production	• Professionnels • Fournisseurs

Tableau 10: Découpage du processus client (partie 3)

ACTIVITÉS	LIVRABLE	RESPONSABLE DE L'EXTRANT	OUTILS ET MÉTHODES
PRODUCTION DU DEVIS DE PERFORMANCE (CLIENT)	• Contraintes du site. • Programme • Devis de performance	• Soumissionnaires	• Joint Program Development • Gestion de la valeur • Librairies de cas • Devis normalisés
PRODUCTION DES OPTIONS : CONCEPTS	• Esquisses • Options de composantes	• Client • Estimateur	• CAD 2D-3D • SIG • Librairies de cas • Librairie de composantes
ÉVALUATION DES CHOIX ET CONCEPT	• Modèle de produit	• Entrepreneur	• Analyse de la valeur • Statistique • Méthodologie de GP
PRODUCTION DE L'ESQUISSE PROFESSIONNELS/ENTREPRENEUR	• Esquisse • Modèle de production • Échéancier et coûts	• Chargé de projet	• Design for manufacturing • Design for X
PRODUCTION DE L'ESQUISSE PROFESSIONNELS/FOURNISSEURS	• Esquisse • Modèle de production • Échéancier et coûts	• Chargé de projet	
FINALISATION DE L'OFFRE	• Information de gestion • Plan de gestion et entretien	• Client	

Le tableau 11 présente le flot d'information/de travail pour la réalisation du second livrable du cycle de vie la représentation virtuelle complète du bâtiment, incluant l'illustration de toutes les composantes, leurs éléments et les spécifications pour les produits et leurs assemblages. On peut envisager que ces éléments ou composantes peuvent être dessinés et fabriqués au fur et à mesure en parallèle avec la construction et l'assemblage en utilisant des outils de CAO-FAO (Sandiro et Meideros, 1990). Cette approche offre certains avantages :

- On réduit au minimum les opérations sur le chantier par la préfabrication en usine mieux contrôlée, plus performante et moins coûteuse tout en augmentant considérablement la vitesse de réalisation

- Ce modèle est une reproduction virtuelle du bâtiment. Il peut aussi bien servir comme référentiel dans lequel seront intégrées les altérations subséquentes qu'à la gestion des équipements *(facilities management)*.

Ces deux tableaux décrivent une série d'applications qui pourraient être utilisées pour chacune des opérations décrites. Pour la plupart de ces applications (certaines sont encore au stade expérimental), il existe déjà des fonctionnalités définies et testées dans l'industrie. Un cheminement possible afin de définir des groupes de fonctionnalités IS/CE pour le portail serait de prendre les applications identifiées à chacun des processus, et d'en extraire les listes de fonctionnalités. On pourrait par la suite utiliser un outil comme celui développé par Abduh Skibniewski (1999) pour en évaluer l'utilité et en retenir les fonctionnalités les plus porteuses.

Découpage du processus intégrateur (partie 1)

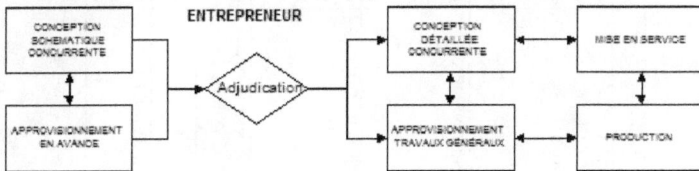

Tableau 11 : Découpage du processus intégrateur (partie 2)

PROCESSUS	ACTION	INTRANTS	PRODUCTEUR
CONCEPTION SCHÉMATIQUE CONCURRENTE	• Valider les intrants • Développer le modèle de produit • Développer énoncé de projet	• RFP • Gabarit de concept • Gabarit d'assemblage • Gabarit de SDP • Gabarit de processus	• Chargé de projet • Architecte • Ingénieurs structure et ÉM • Estimateurs
APPROVISIONNEMENT EN AVANCE	• Cibler et retenir entrepreneurs spécialisés • Valider constructibilité, coûts et délais • Traduire les exigences en devis	• Assemblage schématique • Liste fournisseurs associés • Exigences normalisées	• Responsable de l'approvisionnement • Entrepreneurs spécialisés
CONCEPTION DÉTAILLÉE CONCURRENTE	• Valider les intrants • Préparer plan de projet • Détailler le modèle de produit • Coordonner décisions avec client	• RFP et offre • Énoncé de projet • Modèle schématique de produit	• Chargé de projet • Architecte • Ingénieurs structure et ÉM • Entrepreneurs spécialisés • Estimateurs
APPROVISIONNEMENT TRAVAUX GÉNÉRAUX	• Négocier et fermer les ententes	• Plan d'approvisionnement • Documents de production	• Responsable de l'approvisionnement
PRODUCTION	• Gérer les contrats	• Plan de projet • Documents de production	• Chargé de projet • Professionnels
MISE EN SERVICE ET OPÉRATION	• Finaliser les modifications aux documents de production • Former les opérateurs	• Documents de production	• Chargé de projet • Professionnels • Fournisseurs

Tableau 11 : Découpage du processus intégrateur (partie 3)

PROCESSUS	LIVRABLE	DESTINATAIRE	OUTILS ET MÉTHODES	SYSTÈMES ET FONCTIONNALITÉS
CONCEPTION SCHÉMATIQUE CONCURRENTE	• Énoncé de projet • Modèle schématique de produit	• Client • Entrepreneurs spécialisés	• Modèle de produit • Modèle de processus • Modèle de production • Gestion de la valeur • Méthodologie de GP	• Case base Reasoning • Base de règles d'affaires • SDAT et process flow • CSCW • Prototypage virtuel • BD estimation
APPROVISIONNEMENT EN AVANCE	• Énoncé de projet • Devis de performance • Plan d'approvisionnement	• Chargé de projet	• Méthodologie de GP	• SI • CSCW
CONCEPTION DÉTAILLÉE CONCURRENTE	• Plan de projet • Documents de production • Bill of material	• Client • Responsable de l'approvisionnement	• X –Ibility • Gestion de la valeur • Méthodologie de GP	• SI • Base de connaissance • Base de règles d'affaires • Case base Reasoning • SDAT et process flow • CSCW • Prototypage virtuel • BD estimation
APPROVISIONNEMENT TRAVAUX GÉNÉRAUX	• Approvisionnement usines et site	• Chargé de projet	• Évaluation des offres	• E-approvisionnement
PRODUCTION	• Bâtiment	• Client	• Benchmarking	• SI • Logiciels de GP • CSCW
MISE EN SERVICE ET OPÉRATION	• Information de gestion • Plan de gestion et entretien	• Client		• SI • Dessins CAO • Manuels électroniques

Cette approche, retenue au départ, a été écartée : à cause de la révision en profondeur des processus qui remet en question toute les façons de faire, il devenait difficile, voire impossible pour des praticiens d'évaluer la valeur de fonctionnalités dans une approche de travail qu'ils n'ont pas encore assimilé. Nonobstant cette lacune, il aurait été nécessaire de fonctionner sur une base expérimentale avec des prototypes d'outils qui n'ont pas encore été intégrés. Enfin, à cause du nombre d'applications en jeu et leur complexité, l'éventail de fonctionnalités à étudier aurait été beaucoup trop important. L'approche retenue est de regrouper les fonctionnalités en fonction d'un cycle de maturité. En effet, le parcours d'un environnement fragmenté avec une organisation séquentielle du travail à un environnement intégré dans un cadre IS/CE doit suivre certaines étapes. Les modèles de maturité offrent une manière élégante et testée d'identifier et de ponctuer ce parcours. On peut associer au parcours des outils et des fonctionnalités groupés en fonction des principales étapes.

5.4.2 Le regroupement des fonctionnalités selon la capacité ou la maturité

Le passage à l'IS demandera l'apprentissage d'une discipline orientée processus. L'assimilation non pas d'une technologie, mais d'un environnement virtuel de travail centré sur les TER s'inscrit dans cet apprentissage. Dans le cadre de l'IS/CE, les processus et la technologie sont associés à une méthodologie et des outils et techniques que l'on doit assimiler pour passer d'un niveau artisanal à un niveau « d'industrialisation » des façons de faire dans une démarche intégrée orientée processus.

L'entrée au marché électronique IS/CE ne pourra se faire sans rencontrer des conditions préalables de capacité. La capacité des processus (capability) décrit les champs possibles des résultats attendus qui peuvent être réalisés en suivant le processus de construction. Elle définit une capacité à prédire avec précision les résultats attendus en termes de coût, de délais et de qualité (Betts et al 1999).

Les changements de paradigme auxquels feront face les intervenants qui acceptent de faire le saut vers l'IS/CE vont donc exiger une certaine préparation. Car comme l'exprimaient Pallot et Sandoval (1999), même si les processus des participants à la chaîne de valeur peuvent être sub-optimaux, il faut cependant que la capacité des intervenants à comprendre les principes reliés à la structure de processus et à utiliser les outils de IS rencontre un certain niveau. Dans le cadre du marché, cette capacité sera mesurée selon un seuil.

La mesure de la capacité n'est pas un phénomène nouveau dans les industries de pointe utilisant l'IS. Il existe depuis 1992 des outils de mesure de la capacité, par exemple: le « *Concurrent Engineering Readiness*

128

Assessment » ou RACE, et d'autres tels le CERC 92 ou le AECE 94. La « *US Navy* » exige depuis près de dix ans aux fournisseurs participant à l'élaboration de nouveaux avions de combat à réussir ce type de test avant d'être éligibles pour soumissionner.

Une fois le bagage d'habiletés minimales pour accéder au marché démontré, il faut développer une maturité dans la maîtrise des processus prescrits. La maîtrise des processus est le degré par lequel un processus est explicitement défini, géré, mesuré, contrôlé et efficace. Il implique un potentiel de croissance de la capacité. Il indique aussi la richesse des processus d'une organisation ou d'un réseau d'affaires et la cohérence avec lesquels ils sont appliqués.

L'acquisition de cette maturité par l'assimilation des différentes dimensions du cadre de l'IS/CE ne peut se faire d'un coup. Il faut d'abord maîtriser le volet collaboration, puis peu à peu développer les habiletés nécessaires pour maîtriser les autres dimensions. Aussi, les technologies et les pratiques vont évoluer : il faut dès lors offrir aux membres du marché la capacité d'adopter et de suivre cette évolution. Par exemple, on ne peut demander à l'utilisateur de commencer à fonctionner dès le départ avec les outils les plus avancés de simulation et de CBR. Il doit d'abord se familiariser avec les outils de base de travail de collaboration en co-location virtuelle et les fonctionnalités qui y sont attachées. Il doit aussi comprendre les principes de prise de décision partagée et de cohérence des contraintes. On parlera ici d'évolution de la maturité du participant, voire de maturité du réseau d'affaires.

Comment cadencer l'évolution de la maturité et les fonctionnalités qui s'y rattachent dans le marché électronique? Depuis l'introduction de la notion de maturité dans la mesure des systèmes qualité dans les organisations (Crosby, 89), et sa diffusion à grande échelle dans le développement logiciel en 1991 sous la forme du « *Capability Maturity Model* » (CMM) par le « *Software Engineering Institute* », le concept de maturité n'a pas cessé de se répandre dans toutes les disciplines. La certification du niveau de maturité au niveau 3 du CMM est même exigée aux fournisseurs par certaines organisations telle la Défense américaine (DoD) pour être éligible à leur processus d'approvisionnement.

La base du modèle de maturité est une forme d'étalonnage comprenant de 4 à 6 niveaux et servant à positionner la capacité d'une organisation par rapport à ses concurrents. On peut, avec cet outil, non seulement calibrer la chaîne d'approvisionnement du réseau d'affaires pour un projet donné mais encore définir quels outils et fonctionnalités seront disponibles pour chaque participant. Qui plus est, il devient possible d'arrimer le rythme de développement des technologies avec la capacité du marché électronique à les assimiler. Ceci a le double avantage de faire évoluer des technologies encore au stade expérimental dans un contexte réel et d'en simplifier le déploiement.

Pour organiser les fonctionnalités en fonction de la maturité du réseau d'affaires et des usagers, la première étape consiste à choisir un modèle de maturité de référence. Trois modèles ont été retenus comme les plus porteurs :

- Le cheminement d'apprentissage en 4 phases de Deasley et Lettice (1997) (Deasley Lettice 1997)

- Le « *Organisational Project Management Maturity Model* » ou OPM3 - développé par le PMI pour l'étalonnage de la maturité des pratiques en gestion de projet (Ibbs Kwak, 1997; Coulombe, 1998)

- le projet SPICE (*Standard Process Improvement for Construction Enterprise Design Construction & Maintenance*) qui trace une série d'étapes pour l'assimilation de nouveaux processus par les intervenants de l'industrie (Betts et al 1999)

Deasley et Lettice (1997) ont étudié une vingtaine d'entreprises manufacturières utilisant l'IS. Ils en ont tiré un cheminement d'apprentissage générique en 4 phases et ont identifié les facteurs critiques de succès pour développer la capacité nécessaire à l'implantation de l'IS à l'intérieur d'une organisation. L'OPM3 est un cadre gestion de projet, discipline à laquelle se rattache l'IS (Figure 35).

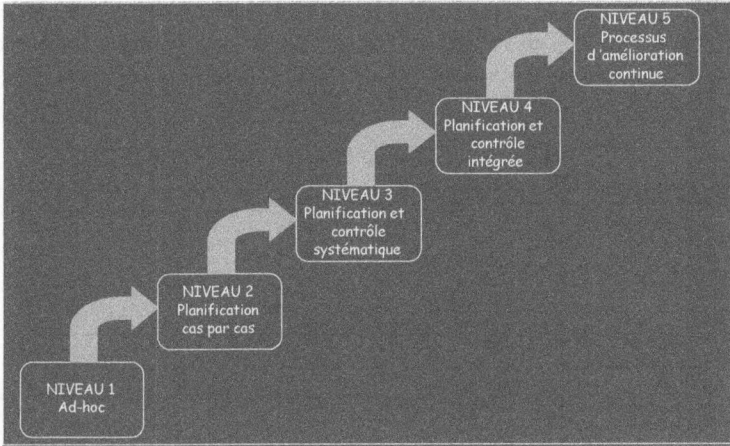

Figure 35 : Les cinq niveaux de maturité de l'OPM3

Le premier niveau de l'OPM3 correspond à une gestion de projet improvisée. Au niveau 2, des interventions ponctuelles vont amener la mise en place progressive d'outils, dont l'usage va varier selon l'expérience du chef de projet. C'est aussi au niveau 3 que l'organisation instaure une gouvernance et impose un cadre de gestion avec des métriques pour supporter la planification et le contrôle des projets. C'est à partir du niveau 3 que se développe la capacité organisationnelle qui mènera au niveau 5 à la maîtrise de ses processus de gestion de projets et à l'amélioration continue.

Dans le cadre de l'OPM3, l'intégration des outils IS correspond aux trois niveaux les plus élevés du modèle. SPICE emprunte la même nomenclature que l'OPM3 à la différence qu'il ajoute un niveau pour la maturité du réseau d'affaires. Ce niveau n'est pas nécessaire dans la mesure où l'entrée marché électronique demande une démonstration préalable de sa capacité à fonctionner dans un tel environnement.

Le Tableau 14 représente le résultat d'une réflexion sur un possible découpage des groupes de fonctionnalités pour meubler les 3 niveaux de maturité les plus élevés du OPM3. La définition des domaines IS et les outils sont dérivés des travaux Pallot et Sandoval (1998) sur les outils TI attachés aux domaines IS ainsi que des travaux de Betts et al (1999) sur les outils TI les plus porteurs pour la construction. Leur classification selon les niveaux de maturité s'inspire des travaux variés interprétés dans le cadre du modèle

131

d'affaires proposé, entre autres ceux de Hannus et al (1997) sur les étapes d'assimilation des outils et techniques de l'IS (Cutting-Decelle, 1999) quant à eux, ont travaillé sur la transition par apprentissage progressif vers une approche intégrant l'utilisation intégrée des modèles IS de produit et des processus et finalement Sun et Aouad (1999) identifient les étapes pour le développement technologique menant à des systèmes IS totalement intégrés[27].

Tableau 12 : Grille de maturité dans les outils IS

MATURITÉ	DOMAINES IS	Outils Construction	Caractéristiques				
NIVEAU 5	8. Évaluation des options	Case Base Reasoning					
		Prototypage					
		Simulation					
		Cohérence des contraintes					
	7. Gestion des exigences produits et processus	Design					
		Fonction					
		Déploiement					
NIVEAU 4	6. Modélisation des produits et processus	Modèle de production					
		Modèle de produit					
		Modèle de processus					
		Réalité virtuelle					
		Prototypage					
		CAD					
	5. Gestion des activités concurrentes	Activités					
		Modélisation					
		Workflow					
		Gestion de projet					
NIVEAU 3	4. Support des interactions :	Implication structurée de l'équipe					
	Personnes	Espace de travail					
	Outils	White Board					
	Systèmes	Liens API					
	3. Partage des activités	Multimédia					
		Conférences					
	2. Partage de la connaissance	Protocole					
		Notification (messagerie)					
	1. Partage d'information	PDMS					
		EDMS					
			Construction	Manufacturier	Gestion de projet	Gestion exigences	Gestion de la configuration
			Portails		Logiciels		

[27] Voir section 4.2.1

132

Pour remplir les exigences d'entrée au niveau 3, l'usager doit comprendre les outils et techniques de base de la gestion de projet et de l'IS et avoir assimilé les principes de base de la gestion par processus et du travail en co-location virtuelle. Les trois premières colonnes à la gauche du tableau présentent les niveaux de maturité, ainsi que les domaines IS et les outils correspondants pour la construction. A la première colonne, le niveau 3 se concentre d'abord sur l'apprentissage de la collaboration. L'usager se familiarise avec le partage et l'échange d'information à travers le portail. Il apprend aussi les rudiments sur la communication et l'organisation du travail dans une équipe virtuelle. C'est au niveau 4 qu'il entreprend l'apprentissage du travail en simultané et qu'il se familiarise avec la nouvelle structure de processus. Enfin, le niveau 5 est consacré à l'application systématique de l'IS, à l'industrialisation de l'ensemble du découpage des processus et à l'utilisation systématique des métriques pour soutenir une amélioration continue.

Les domaines IS numérotés de 1 à 8 de la deuxième colonne présentent un parcours logique dans l'assimilation de l'IS. Pour chaque domaine, ont été catégorisés dans la troisième colonne les outils génériques et spécialisés correspondants. La dernière série de colonnes titrée « Caractéristiques » illustre des portails et des applications qui offrent des caractéristiques et des fonctionnalités similaires à celles recherchées pour certains outils. Ces références offrent un regard utile sur des principes de regroupement de fonctionnalités testés dans des environnements opérationnels.

Par exemple, l'environnement de travail d'une équipe de projet en co-location virtuelle est complexe : de nombreuses catégories d'outils (CAO, gestion de la documentation, de la configuration, des processus, de projet et autres) doivent être utilisées de façon indépendante ou inter-dépendante. Chacun de ces outils comprend une série de fonctionnalités plus ou moins grande et plusieurs (outils CAO ou EDMS par exemple) offrent un environnement de travail qui a atteint sa maturité. Il est donc inutile d'en refaire une description exhaustive. C'est pourquoi nous référons le lecteur à l'information spécifique de ces applications pour la description de leurs fonctionnalités

Il est à noter que le parcours technologique que propose ce modèle s'oppose à la tendance actuelle de développement des technologies appliquées à la construction. Plutôt que de spécialiser et complexifier les applications en ajoutant des fonctionnalités de plus en plus sophistiquées et hermétiques, le choix ici est d'amener une convergence vers une interface simple et unifiée. On reprend l'idée exprimée à la Figure 24 de se déplacer vers des bases de

« sagesse » où les opérations complexes pourront être automatisées avec le recours d'outils tels le « Case Base Reasoning » et les itérations réduites au minimum grâce à la simulation. Car il ne faut pas oublier l'un des principes moteurs de l'IS : l'élaboration du produit n'est pas l'unique domaine des spécialistes, mais l'affaire de tous.

Le regroupement des fonctionnalités en niveaux de maturité est le nœud de la stratégie de conversion des façons de faire. Maintenant qu'il a été présenté, chacun des niveaux sera détaillé. La description du niveau 3 porte sur le développement, chez les parties prenantes du réseau d'affaires, de la capacité de travailler en collaboration et de comprendre le fonctionnement du commerce électronique dans un environnement de co-location virtuelle. Celle du niveau 4 décrit l'assimilation de la coopération et de l'IS et la maîtrise du commerce électronique. Enfin, on présente au niveau 5 vise une intégration de toutes les dimensions menant à une industrialisation des processus d'élaboration du bâtiment, c'est-à-dire que la structure des processus du modèle d'affaires est totalement assimilée, automatisée et maîtrisée.

5.4.3 L'apprentissage de la collaboration : le niveau 3

Le niveau 3 est le premier échelon, le seuil d'entrée du marché électronique. Les usagers ont démontré, lors de l'évaluation de leur capacité, une maîtrise suffisante des meilleures pratiques de la gestion de projet et des outils qui y sont rattachés. Ils sont aussi familiers avec les notions de base de l'IS et ont appris les principes et règles d'affaires du marché électronique. Ils vont découvrir au niveau 3 comment s'organise le travail en co-location virtuelle où les activités de création, de modification et d'utilisation de l'information sont partagées.

L'objectif à ce niveau est de développer le volet de la collaboration. On recherche le développement du cadre d'organisation de l'information et de la connaissance ainsi que la création d'un support des interfaces entre les différents intervenants du réseau d'affaires. Cet apprentissage se déroule en quatre étapes comme l'illustre le tableau 15 :

- Le partage de l'information
- Le partage de la connaissance
- Le partage des activités
- Le support des interactions

134

Le partage de l'information consiste, dans la première étape, à rassembler les documents produits à partir de différentes applications à l'intérieur d'un système centralisé de gestion de la documentation et à encourager la recherche d'informations sur les composantes et les assemblages à partir des catalogues disponibles dans le marché électronique. On retrouve cette approche en tout ou en partie dans le projet CONCUR et dans les portails de construction, soit l'accès à des outils de gestion électronique des documents ou « *Electronic Data Management System* » [28] (EDMS) ou de la gestion électronique des données « *Product Data Management System* » (PDMS)[29.] sur le produit

---

[28] Pour une description détaillée des fonctionnalités, voir Amor et Clift (Amor R Clift M 1997)

[29] Le portail de construction Bricsnet www.bricsnet.com offre un bon exemple des fonctionnalités de PDMS

135

Tableau 13: Outils et fonctionnalités niveau 3

Domaines IS	Outils Construction	Fonctionnalités clés	Description

Support des interactions :
 	
• Personnes
 	
• Outils
 	
• Systèmes
	Implication structurée de l'équipe	• Gestion de projet	• Structure de découpage de travail avec :
			  - assignation et suivi des ressources;
			  - agrégation des coûts et coûtenance;
			  - Identification, priorisation et suivi des enjeux et risques;
			  - expression graphique de l'échéancier PERT CPM pour les tâches et ressources
			• Métriques
			• Journal

	Espace de travail	• Environnement configurable • Outils selon profil	• Convocations et Synchronisation des calendriers • Formulaires normalisés de suivi de projet • Journal
	White Board	Échanges en simultanée : Texte; Dessin; Fichiers	• Tableau blanc avec fonctionnalités de base
	Liens API	• Importation • Exportation • Synchronisation	• Protocoles d'échanges entre applications AIA

136

Tableau 13: Outils et fonctionnalités niveau 3 (suite)

Domaines IS	Outils Construction	Fonctionnalités clés	Description
	Multimédia	• Audio/vidéo	
Partage des activités	Conférences	• Calendrier • Multimédia	• Convocations et Synchronisation des calendriers • Formulaires normalisés de suivi de projet • Journal • Environnement de travail virtuel
Partage de la connaissance	Protocole	• Normes • Formulaires • Historique	• Classification de produits (Lexicon, • Formulaires normalisés de gestion des approvisionnements • Journal des activités
	Notification (messagerie)	• Bottin des ressources • Fonctions courriel	• Bottin des ressources • Fonctions courriel : recevoir, envoyer, attacher • Outils de visualisation

137

Tableau 13: Outils et fonctionnalités niveau 3 (suite)

Domaines IS	Outils Construction	Fonctionnalités clés	Description
Partage d'information	PDMS	• Catalogue de produits • Paramétrisation	• Engin de recherche pour trouver des matériaux et assemblages en fonction de caractéristiques préétablies à l'intérieur de normes courantes (X,Y,Z) • Capacité d'insérer des éléments de produits sélectionnés paramétrables au contexte des solutions constructives du projet
	EDMS	• Arborescence • Contrôle des versions • Contrôle d'accès • Lock dossiers • Visualisation	• Regroupement de l'ensemble des documents dans le référentiel du portail • Accès 24/7 • Droits définis en fonction des profils (lire, commenter, modifier) • Capacité de voir charger, rechercher, commenter ou modifier (en gardant une traçabilité des versions) un document, quel qu'en soit le format

Les fonctionnalités disponibles pour le partage de l'information seront fort similaires à celles que l'on retrouve, par exemple sur les portails commerciaux. Chacun des participants continue à fonctionner avec ses propres applications internes Ce qui implique des changements minimes aux pratiques existantes, à la seule différence sera que l'accès aux fichiers est distribué.

La deuxième étape demande de passer du partage de l'information au partage de la connaissance. L'objectif est de d'abord structurer et échanger directement de l'information entre les intervenants en cours de conception, puis de mettre en place un vocabulaire et un langage commun afin de sortir de la tour de Babel que constitue, une fois de plus, l'environnement informationnel de la construction. Les fonctionnalités de base permettant la coordination des activités et la normalisation des structures de documents comprennent deux éléments principaux : la notification et les protocoles.

La notification est la forme la plus simple de partage des activités (Baldwin et al, 1995. Un mécanisme de notification est indispensable dans un environnement IS, car l'information change à un rythme très rapide (Brown et al October 1996). Couplée au système de contrôle de version du EDMS, elle permet d'informer les parties prenantes intéressées qu'un document ait été modifié et la nature de cette modification. Elle utilise les fonctionnalités similaires à ce que l'on retrouve sur la plupart des logiciels de courriel en plus de certaines fonctionnalités pour identifier quels types de documents et dans quelles circonstances on veut être notifié.. Sur les portails actuels, elle est parfois couplée avec les fonctionnalités de chargement de nouveaux documents ou de documents modifiés ou encore avec les fonctionnalités qui simulent les services de flot de travail.

Les protocoles facilitent le partage d'information entre les acteurs ou entre les applications. Il existe dans la construction quelques normes ou protocoles en Amérique et en Europe qui régissent l'organisation des documents techniques dont Uniformat qui, au Québec sert de base pour organiser aussi le travail par spécialité sur les chantiers. On retrouve aussi différents protocoles pour l'organisation des couches de dessins pour faciliter les échanges de plans électroniques entre professionnels, tels ISO DIS 13567 (Bjork et al, 1997): Certains auteurs ont même été jusqu'à identifier des protocoles d'échanges dans un contexte d'IS (Jamieson, 1997)

Les premières étapes ont pour but de décloisonner les silos d'information et d'introduire une ontologie de cette information afin d'en faciliter la manipulation tout en favorisant des outils et fonctionnalités simples de notification pour encourager la collaboration C'est à la troisième étape que s'amorce véritablement la collaboration. On y introduit des outils et fonctionnalités permettant à plusieurs usagers de communiquer et de s'échanger de l'information en temps réel en utilisant des partagiciels simples pour la synchronisation des activités et des tâches et pour le vidéo-conférence. Plusieurs auteurs (Lars, 1997; Anumba et Duke, 1997; Forgber, 1999) font une description détaillée de ces outils.

C'est à la dernière étape que s'organise véritablement la collaboration, dans un cadre structuré de dialogues entre les équipes, les outils et les systèmes. Les parties prenantes ont, dans les étapes précédentes, apprivoisées les concepts de partage de l'information. Elles ont appris un vocabulaire pour structurer les échanges et développer des aptitudes pour travailler en co-location virtuelle. Elles s'engagent dans la systématisation les nouvelles façons de faire à partir d'un espace de travail partagé en simultané. Ce partage se fait par la suite, grâce aux liens API pouvant fonctionner entre autres selon les protocoles AECXML. Il devient dès lors possible d'obtenir un échange transparent entre les applications corporatives des partenaires et les bases de données ou de connaissance du portail. Les lots de documents techniques peuvent maintenant être fragmentés en fonction des composantes et organisés selon l'ontologie retenue, dans ce cas-ci le Lexicon. L'espace de travail offre à ce moment-là tout son potentiel. Auparavant, même si l'information était centralisée, le travail était fragmenté par fonction et par organisation. A partir de cette étape, les équipes multidisciplinaires peuvent travailler en co-location virtuelle dans l'espace de travail et partager des idées et concepts en temps réel sur un tableau blanc électronique ou modifier de l'information sur des applications partagées à partir du portail.

Qui plus est, les fonctionnalités des outils de gestion de projets, autrefois réservés au chef de projet, sont maintenant accessibles à tous. Elles sont similaires à celles offertes dans un logiciel de gestion de projet corporatif intranet extranet du type « *Team Leader* » ou « P3E » de « *Primavera* », ou « *PM Office* » de « *Systemcorp* » ou encore dans les modules projet des principaux vendeurs de ERP tels le module PS de SAP. On retrouve dans ces logiciels les outils classiques d'organisation du travail, d'allocation des ressources, de suivi du progrès et de la performance ainsi que des outils de base de gestion du flot de travail. Toutefois, pour maintenir une cohérence dans leurs actions, les usagers sont limités selon les droits qui leur sont conférés

En résumé, c'est à la dernière étape que commence vraiment le travail de collaboration en co-location virtuelle, après que les usagers se sont familiarisés dans les étapes précédentes aux concepts d'information et de travail partagé. C'est aussi ici que la notion d'espace de travail prend toute sa signification. Grâce aux fonctionnalités paramétrées selon la fonction, la tâche et le cycle de vie, l'usager se retrouve dans un environnement de travail qui lui est familier dans le contexte de l'exécution de sa tâche tout en bénéficiant d'un espace de travail partagé. Ces fonctionnalités emprunteront à celles des applications spécialisées couramment utilisées.

De plus, à ces espaces spécialisés s'ajoutera l'espace de collaboration. Cet environnement et ses fonctionnalités s'apparenteraient à celui du partagiciel Web « *E-vis* » que l'on retrouve sur le portail « *B2B Manufacturing* »[30].

---

[30] Voir annexe 2

5.4.4 L'organisation du travail en simultané, le niveau 4

Le niveau 3 est ce que l'on pourrait appeler le niveau d'éveil au travail partagé dans un marché électronique. On y a établi les bases sur lesquelles les membres du réseau d'affaires ont appris à définir le partage du travail d'élaboration du produit de façon structurée et à organiser l'information selon une ontologie commune. L'organisation du travail et l'échange de l'information et de la connaissance se font toutefois sans remettre en question le mode de travail séquentiel. Price Watherhouse (Wesek Cottrez Landler 2000) a répertorié une série de bénéfices qui justifient à eux seuls l'utilisation d'un portail pour la collaboration.

C'est au niveau 4 que commence la réingénierie des processus qui maximisera les bénéfices de la technologie. C'est à ce niveau que se réalisent les véritables changements de paradigmes à la pratique courante de travail de l'industrie afin d'adopter la structure de processus préconisée dans le marché électronique. Les rôles identifiés du portail de carrefour, d'agrégation et de nœud de distribution prennent tout leur sens. Enfin, les possibilités offertes par les méthodes de l'IS/CE et le marché électronique commencent à être exploitées à leur plein potentiel.

Ce aussi à ce niveau que s'amorce le véritable apprentissage de l'IS. Il se fait d'abord dans l'intégration progressive de la gestion des activités concurrentes, d'abord lors de l'activité de conception schématique, puis dans la conception détaillée. Il comprend une réécriture des outils et de la démarche de conception, par la mise en place progressive du modèle unique. Il se termine par la systématisation du cycle de conversion avec la mise en place d'outils sophistiqués de gestion du contenu (gestion des exigences et de la configuration). L'assimilation de la nouvelle structure de processus se déroule en 3 grandes étapes comme l'illustre le Tableau 14 :

- La modélisation des produits et processus
- La gestion des exigences produites et processus
- La gestion des activités concurrentes

Tableau 14 : Outils et fonctionnalités niveau 4

Domaines IS	Outils Construction	Fonctionnalités clés	Description
Gestion des exigences produites et processus	DFD	• Matrice caractéristiques/ exigences	• Fonctionnalités de définition et de suivi des exigences ou de la configuration du produit (Doors, Rational Rose)
Modélisation des produits et processus	CAO FAO	• Conception assistée pour fabriquer	• API entre logiciels de conception et logiciels de production
	Modèle de production	Paramétrisation • Fabrication • Méthodes	• Introduction de caractéristiques de production pour les « objets » et composantes du modèle de produit • Optimisation des choix de conception en fonction des méthodes de production
	Modèle de processus	• Gabarits • Mapping ICOM • BD	• Configuration semi-automatisée des chaînes de processus de conception en fonction de gabarits • Configuration du flot de données entre processus selon le modèle ICOM « IDEFO »
	Modèle de produit	Paramétrisation • Composantes • Coûts	• Découpage du produit en composantes paramétrées • Chaque « objet » connaît ses propres caractéristiques et comment il interagit avec les autres « objets » des composantes • Contrôle de la cohérence des contraintes entre « objets » ou composantes
	Réalité virtuelle	• Animation • Walkthrough	• Modélisation 3D d'un assemblage d' « objets » paramétrés • Modification en temps réel des éléments de l'assemblage en conception

142

Tableau 14 : Outils et fonctionnalités niveau 4 (suite)

Domaines IS	Outils Construction	Fonctionnalités clés	Description
Modélisation des produits et processus (suite)	Prototypage	▪ Maquette électronique ▪ Paramétrisation	▪ Modélisation 3D d'un assemblage d' « objets » paramétrés ▪ Modification en temps réel des éléments de l'assemblage en conception simultanée
Gestion des activités concurrentes	Activités	▪ Synchronisation inter dépendances	▪ Modélisation des intrants et extrants à synchroniser entre activités interdépendantes ▪ Synchronisation et suivi du flot d'acheminement automatique des documents à être conçus, modifiés ou approuvés avec notification
	Modélisation	▪ Matrice de structure de conception	▪ Algorithme d'optimisation du séquencement des activités interdépendantes
	Workflow	▪ Cartographie ▪ Automatisation ▪ Alertes	▪ Conceptualisation du flot de travail et du flot décisionnel ▪ Acheminement automatique des documents à être conçus, modifiés ou approuvés avec notification ▪ Contrôle des goulots d'étranglement avec alertes sur retard dans le flot

La première étape amorce la gestion des activités concurrentes. Elle vise d'une part la modélisation détaillée des processus et sous-processus afin de déterminer les intrants, extrants, mécanismes, activités et contrôles, d'autre part l'organisation du flot de travail dans la réalisation des livrables pour les activités en parallèle ou en concurrence. Trois groupes d'outils sont identifiés pour cette première étape : gestion du flot de travail *(workflow)*; modélisation; séquencement des activités.

La gestion du flot de travail est le premier outil de systématisation de l'organisation du travail. Il permet d'implanter de processus simples ou l'application des procédures. De plus, comme le soulignaient Bakkeren et al (1997) ces outils jouent un rôle stratégique : faire le pont entre le monde des processus et le monde de la modélisation des données.

Il existe plusieurs versions commerciales d'outils de gestion du flot de travail disponibles sur le marché. Ce sont des applications spécialisées ou des services intégrés dans des logiciels de gestion de projet (PM Office) ou de gestion de la documentation (Humingbird). Cependant, ces outils ne permettent pas encore la gestion des activités concurrentes. On doit faire appel à des applications encore au stade expérimental, tel le *« Data Structure Matrix »*. Cette matrice utilise un algorithme pour organiser et séquencer les activités interdépendantes. Lorsque le modèle de séquencement des activités concurrentes est établi, il faut le refléter dans les outils de planification et de suivi. Les recherches décrites plus haut dans le projet *« Adept »* sont une amorce pour le développement de ces outils et fonctionnalités.

A la fin de la première étape, les participants du réseau d'affaires ont fait l'apprentissage de la nouvelle structure de processus et sont en mesure d'appliquer l'IS dans les processus de conception schématique et détaillé. Dans la deuxième étape, ces derniers développent les habiletés de coopération : travailler simultanément en 4 dimensions, c'est-à-dire à partir de représentations 3D des composantes et de leurs éléments en tenant compte des impacts de leur décision de conception sur la quatrième dimension, le temps. Les usagers vont passer de systèmes EDMS et PDMS et d'échanges d'information entre applications à un niveau plus élevé de gestion et de transformation de l'information à partir de maquettes électroniques du produit ou de ses composantes, ainsi que des modèles de processus ou de production.

Le principe d'utilisation des modèles de produit a déjà été abordé. Le défi est d'amener une approche de conception en 2D par lots spécialisés (plans d'architecture, de structure et d'électromécanique) vers une approche multidisciplinaire à partir d'une modélisation 3D. La solution réside dans une approche progressive qui débutera par le prototypage et la réalité virtuelle (Hemïo et Salonen, 1999) pour résoudre certains problèmes complexes de conception lorsque la coordination sur des dessins 2D entre disciplines s'avère inefficace.

L'évolution rapide du VRML permet déjà le prototypage et la réalité virtuelle sur Internet. « *E-Vis* » offre même un environnement où une équipe en co-location virtuelle peut travailler et modifier en temps réel un objet en 3D. Des recherches d'Hemïo et Salonen (1999) montrent tout le potentiel d'utiliser ce type de représentation pour donner accès aux données documentant les éléments de l'objet. Encore ici, les fonctionnalités attachées au prototypage et à la réalité virtuelle pourront être dérivées des applications actuelles.

Ce passage ponctuel de la conception 2D à la conception 3D prépare la transition vers le travail multidisciplinaire continu sur une représentation 3D de l'ensemble d'un bâtiment générique correspondant à une catégorie du modèle de produit. Le travail n'est plus découpé selon une séquence, mais une organisation par lots parallèles attachés aux composantes et éléments de l'arborescence du modèle de produit. C'est ici que s'effectue le changement de paradigme le plus important; grâce à la représentation 3D, d'une part le client saisit ses besoins avec une compréhension beaucoup plus fine, car il est maintenant en mesure lui aussi de décomposer, à travers cette même arborescence, ses besoins et de les transformer en exigences avec un minimum de support de la part des professionnels; d'autre part les professionnels, les entrepreneurs et les fournisseurs démarrent avec une information partagée, d'une plus grande précision et beaucoup plus détaillée.

La conception par spécialités amorcée par une interprétation qualitative des besoins du client disparaît. Elle est remplacée par la conception par composantes basée sur une modification du modèle approprié et accessible non pas par des applications spécialisées, mais directement de l'espace de travail. Les différences entre les espaces de travail personnalisés des différentes fonctions s'estompent pour être graduellement remplacées par des outils génériques avec certaines fonctionnalités plus spécialisées.

Ce changement vers la véritable coopération paie. L'expérimentation d'une implication simultanée en amont de tous les spécialistes, l'organisation du projet en groupes de technologies et l'utilisation de géométrie partagée sur un modèle 3D (Zabelle T. R. Fischer M. A. 1999) a déjà donné comme résultats :

- une réduction des demandes d'information de 60%;

- l'élimination presque complète des demandes de changements initiées par l'entrepreneur général;

- la réduction des demandes de changements initiées par le propriétaire de 75%;

145

- l'élimination presque totale des actions correctives;
- une amélioration de la productivité sur le site;
- des opportunités accrues de préfabrication hors site d'éléments comme les conduits et la tuyauterie;
- l'élimination des interférences dans le travail sur le site.

Le modèle de produit offre aussi de nombreux avantages à l'intégrateur dans le développement du produit. En effet, il présente une plate-forme virtuelle d'échanges et de collaboration en simultanée entre l'ensemble des intervenants en plus de permettre de découper l'information du produit en composantes tridimensionnelles paramétrées et manipulables. Au surplus, il permet d'assurer la cohérence des contraintes (El-Bibany et Lynch, 1999) dans le choix des concepts d'assemblage. Les fonctionnalités attachées au modèle de produit seraient relativement les mêmes que pour le prototypage et à la réalité virtuelle, à la différence que des fonctionnalités s'ajouteraient pour gérer la cohérence des contraintes. Enfin, le modèle de produit propose non seulement des améliorations accrues dans l'échange et le partage de l'information, il sert aussi d'échine sur laquelle se greffent les perspectives du modèle de processus et du modèle de production pour composer le modèle unique. Ce modèle unique systématise, en plus des outils de conception, l'élaboration des processus détaillés de conception/production et la conception pour fabriquer.

Le modèle de processus se distingue de la structure de processus décrite plus haut du fait que cette dernière décrit les processus clés reliés à la chaîne de valeurs. Chacun des processus clés doit être découpé en processus spécifiques. La modélisation détaillée des processus est une condition sine qua non de l'instauration de l'IS/CE. En effet, chaque projet revêtant des caractéristiques particulières, traits de son unicité, les chaînes de processus servant à définir les composantes et leurs interrelations vont varier d'un projet à l'autre et d'un regroupement d'entreprises à l'autre. Ainsi, pour chaque nouvelle chaîne d'approvisionnement, il faudra modéliser des chaînes de processus et sous-processus avec plusieurs niveaux de découpage. Il est donc nécessaire de disposer d'outils et de référentiels appropriés pour réaliser cette modélisation.

Le modèle de production offre une information générique sur les procédés et leurs impacts en matière de besoins en ressources (Fischer et Aalami, 1999; Faraj et Alshawi, 1999). Il sera la source principale pour l'estimation des coûts de réalisation. Un des principes moteurs dans l'IS est de concevoir pour fabriquer. Dans la pratique courante, la connaissance des

146

concepteurs dans la fabrication ou l'assemblage des composantes est relativement limitée. On ne sait pas, par exemple, qu'un certain d'assemblage de mur-rideau coûtera plus cher et sera plus long à réaliser qu'un autre qui permettra d'obtenir la même performance à moindre coût.

Comment fonctionnerait ce modèle unique?

Prenons par exemple, un modèle de produit pour une tour à bureaux. Sa description architecturale pourrait comprendre trois planchers types : stationnements, rez-de-chaussée et étage type et un choix d'enveloppes avec des compositions génériques de façades et de murs rideaux. La représentation virtuelle de la composante « murs-rideau » donne accès à partir de l'espace de travail à l'information technique sur ses spécifications, les autres objets qui lui sont liés pour l'assemblage, l'effort requis et les méthodes. Cette maquette générique servira plus tard à la fois à supporter les usagers dans la définition des spécifications et les professionnels de l'intégrateur dans la définition du produit spécifique aux exigences du client.

Pour faciliter l'élaboration de la chaîne détaillée de processus, le portail pourra offrir des gabarits attachés aux catégories de modèles de produit. Par exemple, la catégorie de bâtiments « hôpitaux » comporte non seulement un modèle de produit définissant les caractéristiques spécifiques à ce type de bâtiment, mais aussi des gabarits de chaînes de processus qui décrivent le cheminement et les opérations à faire pour transformer le modèle en fonction des exigences du client.

Le modèle de processus incorpore des gabarits optimisés de processus attachés au développement de chacune des composantes et à la gestion de la configuration. On parlera ici d'outils et de fonctionnalités de gestion des flots de processus. Beaucoup plus sophistiqués que les outils de flot de travail, ces derniers devraient permettre de :

- distribuer directement l'information de la connaissance aux personnes désignées à un moment déterminé;

- de mieux coordonner les activités;

- de faciliter la synchronisation de l'échange d'information;

- d'offrir la capacité de supporter les interactions entre les personnes malgré les contraintes à l'intérieur des processus.

IDEFO, le logiciel de modélisation des processus discuté plus haut, fournit les fonctionnalités de base pour l'élaboration des modèles de processus. Il devra cependant être amélioré pour le rendre plus dynamique et plus flexible dans la gestion des mécanismes de synchronisation en

147

environnement concurrent et pour le contrôle de l'exécution des activités. L'IS requiert de remplacer les activités séquentielles non seulement par des activités parallèles, mais encore par des activités interdépendantes, beaucoup plus difficiles à identifier et modéliser précisément. Si un processus demande la spécification d'activités concurrentes, on aura besoin de mécanismes complexes d'itérations et des capacités de gestion de la cohérence des contraintes qu'IDEFO n'offre pas. Selon Pallot et Sandoval (1999), un outil de l'IS/CE pour la modélisation des processus devrait posséder les fonctionnalités suivantes:

- Modélisation des activités macro et micro : liens de précédences et de conditions.

- Activités conditionnées par des événements.

- Possibilité de modifier la représentation : chaque activité génère des événements spécifiques pour commencer, annuler, suspendre ou compléter l'activité.

- Disponibilité et maturité de l'information de l'extrant, limites de temps, usage de l'information et toutes les actions caractérisées par le diagramme de décomposition. Ces événements peuvent être utilisés pour conditionner d'autres activités.

- Gestion des activités interdépendantes.

- Cohérence des contraintes sur ce qui a été produit. Peut jouer un rôle important pour définir les priorités dans l'exécution des activités.

- Gestion de projet : processus de séries d'activités à valeur ajoutée qui répondent aux besoins et aux exigences d'au moins un client/ GP : assurer et garantir le respect de paramètres d'affaires vitaux possibilité ajouter.

- Validation de la modélisation des processus : capacité d'appliquer le processus modélisé dans le système d'information pour l'opérationnaliser.

Le modèle de produit permet d'élaborer progressivement le construit selon les caractéristiques identifiées dans les spécifications. Le modèle de processus définit dans quelle séquence, à partir de quels intrants et selon quelles méthodes sera élaboré le construit. Un dernier modèle viendra fermer nos perspectives pour la création du modèle unique : le modèle de production. Les modèles de production actuels offrent un gabarit sur lequel on peut comparer, à partir d'un concept, différents scénarios de fabrication et choisir le meilleur scénario en fonction de sa faisabilité et de ses coûts. Dans la description de la structure de processus, les modèles seront utilisés principalement lors des interactions entre conception et production dans les phases de réponse à l'appel d'offre et conception détaillée. Ils remplaceront les outils traditionnels d'estimation de coût en plus de servir à établir des échéanciers et des coûts beaucoup plus précis et éviteront ainsi les nombreuses itérations de conception requises dans la pratique courante pour ajuster les plans afin de rencontrer les coûts d'objectif. Enfin, ils faciliteront une organisation plus efficace du chantier.

A ce stade, il ne restera qu'un pas à faire afin d'établir entre les fournisseurs et les concepteurs l'infrastructure nécessaire pour faire les ponts entre les outils de conception et ceux de fabrication CAO-FAO. Ces technologies sont utilisées depuis plusieurs années dans l'industrie manufacturière et ont atteint leur maturité. Elles sont même déjà appliquées chez certains fournisseurs de la construction qui chevauchent plusieurs industries, par exemple dans la mécanique du bâtiment. On pourra réaliser en cours de route certaines composantes telles la structure, les fenêtres ou la distribution de la ventilation directement à partir de l'information provenant de la représentation virtuelle du bâtiment, accélérant ainsi sa réalisation.

Après avoir gravi tous les échelons du niveau 4, l'usager ou le réseau d'affaires maîtrisent une démarche orientée processus. Ils se sont familiarisés avec le concept et les outils pour créer, à partir d'un modèle, une représentation virtuelle du bâtiment accompagnée des instructions devant en permettre la réalisation. La structure révisée des processus est maintenant en place et fonctionnelle dans le marché électronique. Puisque toute l'information du marché électronique est partagée, la base de connaissance s'enrichit avec chacun des projets réalisés. L'information et la connaissance des projets peuvent être maintenant captées et réutilisées.

La dernière étape vise à industrialiser les processus IS/CE développés lors de la réalisation des projets et à optimiser la conversion en mettant en place des outils de gestion du contenu. Quoique peu développé dans le domaine de la construction, il est relativement facile de s'inspirer d'applications déjà existantes dans les domaines de la gestion de la configuration et de la gestion des exigences pour développer les fonctionnalités spécifiques au portail. Une bonne partie de la configuration est déjà paramétrée dans le modèle de produit, ce qui simplifiera les interfaces pour gérer ce volet.

5.4.5 L'industrialisation des processus en IS/CE, le niveau 5

Dans le niveau 4, les intervenants ont acquis la capacité nécessaire pour exécuter le projet selon la nouvelle structure de processus. Ils comprennent les outils de modélisation pour concevoir en simultané les différentes composantes du produit à réaliser à partir d'un modèle générique; établir un flot optimisé de développement du produit et prendre les décisions de conception en fonction de leurs contraintes de fabrication. Maintenant, l'information et la connaissance ne sont plus perdues après chaque projet. Ceci offre des nouvelles opportunités dans la gestion de la connaissance par la capture, la consolidation, la dissémination et la réutilisation de la connaissance ainsi que par la traduction des nouvelles meilleures pratiques en processus tangibles et programmables (Kazi, Hannus, Charoenngam, 1999).

Le niveau 5 vise la simplification de l'espace de travail par le remplacement progressif du travail répétitif réalisé à l'aide des outils de conception traditionnels. De la même façon qu'en développement logiciel on utilise avec des applications comme Rational Rose des générateurs de code qui réduisent considérablement les besoins en programmation, on utilisera au niveau 5 des outils de « *Case Base Reasoning* » (CBR) et de simulation (Mangini et Sparacello,1999) présentés au tableau 22 pour d'une part, dériver à tous les niveaux de découpage des solutions aux contraintes spécifiées et enrichir la base de connaissance et, d'autre part, pour simuler des options de solutions fonctionnelles ou d'assemblages. Il sera dès lors possible de développer des scénarios en puisant, grâce à cet outil d'orpaillage, dans les cas vécus similaires et de les optimiser en utilisant les outils de simulation. On pave la voie à la réutilisation de l'information. Selon les experts, 50% du travail des professionnels consiste à refaire des détails déjà exécutés sur des projets antérieurs.

Tableau 15: Outils et fonctionnalités niveau 5

Domaines IS	Outils Construction	Fonctionnalités clés	Description
Évaluation des options	Case Base Reasoning	• KB cas • Orpaillage • Adaptation	• Base de connaissances regroupant par catégories des ensembles de modèles de produits, de conception et de production • Orpaillage déductif et inductif pour bâtir à partir de cas similaires et adaptation en fonction des caractéristiques recherchées
	Simulation	• Scénario « What if »	• Validation automatisée et comparaison d'options liant la conception et la production

     Même si la technologie dans cette sphère de la gestion de la connaissance en est à ces premiers balbutiements, certaines recherches permettent d'ores et déjà d'esquisser à quoi pourrait ressembler un tel environnement. Certains chercheurs ont apporté leur réflexion de l'utilisation d'un CBR (Rankin Froese Waugh 1999) dans le cadre du projet TOPS. D'autres chercheurs ont développé des systèmes experts pour la simulation, par exemple dans le choix de la configuration des fondations (Mangini, Sparacello 1999) (Green Gray 1997). Les premières expérimentations ont permis l'optimisation des choix de conception dans l'implantation du bâtiment et dans les solutions constructives pour arriver à des réductions substantielles de 40% des coûts. A quoi pourraient ressembler les fonctionnalités à ce niveau? Difficile à dire. Cependant, on peut imaginer que la capture systématique de l'information de projet rend possible le développement de bases de connaissance à partir desquelles on utilisera le CBR comme outil d'orpaillage et la simulation pour transformer avec un minimum d'itérations le modèle unique en représentation virtuelle du bâtiment désiré.

Les modèles de produit, de processus et de production seront à ce point industrialisés, c'est-à-dire qu'ils auront été optimisés avec le recours systématique de l'étalonnage par processus. La définition et l'organisation du travail seront à ce point presque entièrement automatisées. Les multiples applications nécessaires à la planification, la conception et le suivi seront remplacées par un espace de travail simplifié et universel.

Le modèle d'affaires et sa concrétisation sous la forme d'un portail électronique, porte d'entrée d'un marché électronique, offre des solutions concrètes pour surmonter les obstacles qui ont retardé l'adoption des technologies de l'information dans la construction. Il règle la problématique de la fragmentation, en recréant dans le marché électronique un environnement homogène d'affaires. Il adresse les aspects conflictuels reliés aux modes d'approvisionnement, d'une part en établissant des règles d'affaires à l'intérieur du marché similaires à celles que l'on pourrait retrouver dans des industries de pointe, et d'autre part en remplaçant l'approche du prix le plus bas par la solution offrant la meilleure valeur. Enfin, il permet une gestion intégrée de l'information et sa réutilisation.

La formule d'évolution des fonctionnalités de l'espace de travail aide à résoudre la problématique de la gestion de la transition. Chaque niveau propose des bénéfices suffisants aux usagers pour viser le niveau plus haut. L'automatisation progressive des activités routinières qui foisonnent dans le domaine

6.1 Contribution

Malgré l'ampleur de la recherche pour améliorer les processus de construction et intégrer les technologies de l'information, peu de résultats ont découlé dans des applications pratiques dans l'industrie. Grilo (1996) a fort justement identifié les blocages qui empêchent une adoption des TER dans la construction.

Un des éléments majeurs à la source de ces blocages est la perception généralisée dans l'industrie que les TER n'apportent pas de bénéfices à la construction (Unisys 1996).

Contrairement aux technologies de l'information où les bénéfices sont difficiles, voire impossibles à démontrer (Brynjolfsson Hitt 1996), les bénéfices de l'IS sont sans équivoque. La validité économique du modèle d'affaires proposé sera donc supportée par les mesures d'étalonnage déjà identifiées dans plusieurs projets de recherche cités dans le texte.

Cette recherche développe les avenues développées par Betts (1999) et l'université de Salford :

- emprunter des meilleures pratiques d'autres industries;

- présenter une stratégie globale dans l'application des TI;
- revoir l'ensemble des processus d'affaires pour obtenir une intégration réussie des TI.

Elle présente une approche intégrée basée sur les pratiques de pointe de développement de nouveaux produits, de révision des processus et de TER pour réinventer les pratiques d'affaires de l'industrie de la construction. Cette approche se veut aussi économiquement viable et comporte un incitatif de taille : réduire d'abord la durée, puis les coûts d'un projet de construction de près de 40% tout en offrant un produit de qualité supérieure.

Cette recherche se veut d'abord une destination possible pour orienter les travaux de recherche visant l'intégration des technologies de l'information à la construction et qui partagent malheureusement la même caractéristique de cette industrie soit la fragmentation.

De plus, elle trace un portrait de ce que devrait être la nouvelle génération de portails verticaux et dans quel environnement d'affaires, ils devraient être utilisés. Enfin, elle esquisse des outils et fonctionnalités que l'on devrait retrouver dans un portail basé sur l'IS/CE.

6.2 Avenues futures

Cette recherche présente une vision de ce que pourrait être l'industrie de la construction dans cinq ou dix ans si elle revoit ses pratiques d'affaires en fonction des nouveaux potentiels offerts par la technologie et les tendances dans les meilleures pratiques des industries de pointe. Elle est une première ébauche et ouvre la voie à toute une série de nouvelles avenues de recherche tout en offrant de nouvelles perspectives à des champs de recherche actuels.

6.3 Possibilités de transfert

L'intérêt de transposer des modèles d'autres industries dans l'intégration des TER est d'ouvrir la porte à la possibilité de fertilisation croisée entre domaines qui partagent des objectifs communs. L'industrie manufacturière se dirige à grands pas vers la production personnalisée de produits à caractère unique, une spécialité de la construction.

Les concepts et le modèle d'affaires élaborés ici s'appliquent aussi bien au développement de produits qu'à l'élaboration d'un bâtiment. Il en est de même pour le concept de portail vertical de nouvelle génération décrit dans ces lignes.

BIBLIOGRAPHIE

ISO/TC184/SC4 (1994), STEP Part 1: Overview and Fundamental Principles.

Abduh Skibniewski. 1999. *Utility assessment of electronic networking technologies in construction.*Ottawa: Institute for Research in Construction.

Alarcon. 1997. *Lean Construction.* Rotterdam: A.A Balkema.

Allweyer, T. 1996. *Model Based Re-engineering in the European Construction Industry.*

Amor, R., and C. Anumba. 1999. *A Survey and Analysis of Integrated Project Databases .* CEC 99.

Amor, R., and M. Clift. 1997. *Documents as an enabling Mechanism for Concurrent Engineering in construction.* Concurrent Engineering in construction London: Institution of Structural Engineers.

Andresen. 2000. A framework for measuring IT innovation benefits. *ITcon 5.*

Anumba, C. J. 1999. *An Information Model for Client Requirements Processing in Concurrent Life-Cycle Design and Construction. CEC* 99Espoo Finland: CIB VTT.

Anumba, C. J. 1989. *An integrated two and three dimensional data structure for a structural engineering CAD system.* xiii, 274 leaves.

Notes: BLDSC thesis no. D90034 Thesis (Ph.D.) -- University of Leeds (Department of Civil Engineering), 1990

Anumba, C. J., and A. Duke. 1997. *Structural Engineering in Cyberspace: Enabling Information and Communications Technologies. 259-63.*

Aouad, G. 1994. *ICON Final Report,* University of Salford.

Aouad G. 1994. *Integration of Construction Information* (ICON) . Salford: University of Salford.

Asbjorslett, B. E. 1998. *Project Supply Chain Management: an oriented Approach to Project Management of Product Oriented Processes.* 29th Annual PMI Symposium Long Beach California.

Ashton, P. T., and P. G. Ranky. 1993. *A methodology for analysis concurrent engineering and manufacturing processes at Rolls-Royce Motor Cars Limited.* CIM Conference, Singapore: International IEEE.

Atkin, B., and E. Pothecary. 1994. *Building Futures.* Reading: University of Reading.

Atkin, B. L. 1999. *Measuring Information Integration in Project Teams* Ottawa: National Research Council.

Atkin, B. L. 1999. *Refocusing project delivery systems on adding value.* Durability old Building Materials and Components Ottawa: National Research Council Canada.

155

Atzeni, P., G. Mecca, and P. Merialdo. 1998. *Data-Intensive Web Sites: Design and Maintenance.* EDBT 98 Valencia Spain: EDBT.

Austin, S, A. Baldwin, and Hammond J Waskett P. 1999. *Application of the Analytical Design Planning Technique in the Project Process.* CEC99.

Baker, W. E. 1997. *The Network Organisation in Theory and Practice, in Networks and Organizations: Structure Form and Action.* Harvard Business Press.

Bakkeren, W. 1997. Using Workflow Management to control the information flow in virtual enterprise. *Concurrent Engineering in construction* London: Institution of Structural Engineers.

Baldwin, W. 1995. *Data Exchange in Construction.* 11-15. Edinburgh, England: Civil-Comp Press.

Barkan, P. 1988. *Simultaneous Engineering. 1-30.*

Barrie, D., and B. C. Paulson. 1992. *Professional Construction Management.* New York.

Betts, M et al. 1995. "Best Practice Report: Supplier management." Construct IT Centre of Excellence.

Betts, M. 1999. *Strategic Management of IT in Construction.* Berlin: Blackwell Science.

Betts, M. 1995. *Strategies the construction Sector in the IT era.* Construction Management and Economies, no. 9: 509-28.

Biren, Prasad. 1996. *Concurrent Engineering Fundamentals.* Upple Saddle River, New Jersey : Prentice Hall.

Bjork, B., K. Lownertz, and A. Kiviniemi. 1997. *ISO DIS 13567 - The proposed International Standard for structuring Layers in Computer Aided Design.* ITcon.

Brown. October 1996. *Promoting Computer Integrated Construction Through the Use of Distribution Technology.*

Brynjolfsson, E., and L. Hitt. 1996. *Productivity, Business profitability and Consumer Surplus: Three different Measures of Information Technology Value.*

Ceri, P. 1998. *"The AutoWeb Project."* Politecnico di Milano, Dipertimento di Elettronica e Inforrnazione.

Ceri, S., P. Fraternali, and S. Paraboschi. 1999. *Design principles for Data-Intensive Web Sites. 84,* 89no. 28. SIIGMOD.

Cingil, L, A. Dogac, N. Tatbul, and S. Arpinar. 1999. *an Adaptable Worliflow System Architecture on the Internet for Electronic Commerce Applications.* Ankara: Software Research and Developrnent Centre.

Clark, A. 1999. *Benchmarking the use of IT to support supplier management in construction. ITcon 4.*

Coulombe, R. 1998. *"Stratégies d'implantation d'un bureau de projet."* UQAM.

Crosby, P. B. 1996. *Quality Is Still Free: Making Quality Certain in Uncertain Times.* American Society for quality.

Cunningham, C., and C. Tynan. 1993. *International Journal of Information Management,* no. 13: 328.

Cutting-Decelle, A. F. 1999. *Introduction of Concurrent Engineering Concepts into an Integrated Product and Process Model.* Concurrent Engineering in Construction - CEC99Espoo Finland: CIE VTT.

DARPA. 1987. *Workshop on concurrent Design,* Washington D.C.

Davenport, Thomas H. 1993. *Process Innovation, Reengineering Work through Information Technology.* Boston Massachusetts: Harvard Business School Press.

Davies J. 2000. *The New eCommerce Engine Engine: How It Works,* Business 2.0

Dawood, N. N., P. McMahon, and B Hobbs. 1997. Development of an integrated ground modelling System for the construction team. *Concurrent Engineering in construction* London: Institution of Structural Engineers.

Deasley, P., and F. Lettice. 1997. A concurrent Engineering Approach to construction: learning form cases in manufacturing industry. *Concurrent Engineering in construction* London: Institution of Structural Engineers.

Dikbas, A. 1999. An Integrated Decision-support system model for construction management processes. *Durability od Building Materials and Components* Ottawa: National Research Council Canada.

Duncombe, L. 1997. The BAA Project Process - A partnership Approach. *Concurrent Engineering in Construction* London: Institution of Structural Engineers.

Ekholm, A., and S. Fridvist. 1996. Modelling of User Organisations, Buildings and Spaces for the Design Process. *IT in construction* Slovenia.

El-Bibany, H., and H. Abulhassam. 1997. Constraint Based Collaborative knowledge Integration Systems for the AEC industry. *Concurrent Engineering in construction* London: Institution of Structural Engineers.

El-Bibany, H., and T. Lynch. 1999. *Towards Parametric Causal Models of Concurrent Engineering Decisions in Construction.* CEC99.

Emmerik, M. 2000. *An end to end solution for improving the efficiency ofthe building design and management process.* Bricsnet.

Emmerik, M. 2001. *Product Center: An integrated environment for selection, configuration and procurement of building materials via the Internet.* Bricsnet.

Erkes. *Implementing Shared manufacturing Services on the World Wide Web.* GE Corporate Research and Development Group.

Erkes, J. 1997. *Challenges for 2ist Century Manufacturing Enterprises.* GE Corporate RD.

Evbuomwan,N. F. 0.1994. *Concurrent Design within Design Function Deployment.* 2nd, International Conference on Concurrent Engineering & Electronic Design Automation.

157

Evbuomwan, N. F. O., and C. 1. Anumba. 1996. *Towards a concurrent Engineering model for Design and Build Projects.* 73-78. Institution of the Structural Engineers.

Evbuomwan, N. F. O., C. 1. Anumba, and John M. Kamara. 1996. *Integration of design and construction: a review of existing approaches.* iii, 44p ; 30cm. Technical Report (University of Teesside. Construction 'Research Unit) 96/2, Middlesbrough: University of Teesside, Construction Research Unit.

Evbuomwan, N. F. O., C. 1. Anumba, and John M. Kamara. 1997. *The principles and applications of concurrent engineering.* iv, 56 leaves ; 30cm. Technical Report (University of Teesside. School of Science and Technology); No.97/1.

Evbuomwan, N. F. O., C. 1. Anumba, and John M. Kamara. 1996. *Review of existing mechanisms for processing clients' requirements in the construction industry.* ii, 35p ; 30cm. Technical Report (University of Teeside. Construction Research Unit) ; *No.96/1,* Middlesbrough: University of Teesside, Construction Research Unit.

Faraj, 1., and M. Aishawi. 1998. *"A modularized approach to the integrated environment."* University of Salford.

Faraj, 1., and M. Aishawi. 1999. *A modularized Integrated Computer Environment for the Construction Industry:* SPACE. ITCON.

Fischer, M., and F. Aalarni. 1999. *Cost-loaded production model for planning and control.* Durability of Building materials and Components Ottawa: National Research Council.

Forgber, U. 1999. A Virtual *Work Environment for AEC Project Collaboration.* CEC 99.

Frame, J Davidson. 1995. *Managing Projects* in *organizations.* San Francisco: Jossey Bass.

Fraternali, P. 1998. *Web Development Tools: a Survey.* Seventh Int. Word Wide Web Conf. (WWW7)Brisbane Australia.

Froese. 1999. *Industry Foundation Classes for Project Management - a trial implementation.* ITCON.

Ghanbari, A., and Froese T. 1999. *Product Modelling for Construction Management.* Durability of Building materials and Components Ottawa: National Research Council.

Gordon, C. M. 1994. *Choosing Appropriate Construction Contracting Method.* Journal of the Construction Engineering and Management 120 , no. 1: 196-210.

Green, L. A. , and C. Gray. 1997. *Developing Construction Site Simulation models for concurrent engineering.* Concurrent Engineering in construction London: Institution of Structural Engineers.

Grilo, A., M. Betts, and M. Mateus. 1996. *Electronic interaction in construction: why* is *not a reality?* CIBW78.

Guss, C. 2000. *Virtual Teams, project management processes and the construction industry.* Calgary: University of Calgary.

Hammer M., Champy J. 1993. *Reengineering the Corporation.* Harper Business.

Hannus et al. 1997. Methodologies for systematic improving of construction processes. *Concurrent Engineering in construction* London: Institution of Structural Engineers.

Hannus M Aarni V. 1999. *Requirements for Concurrent Engineering Environment in CONCUR Project.* CEC 99CIB VTT.

Harrisson, B. 1994. *Lena and Mean: The changing Landscape of Corporate Power in the Age of Flexibility.* BasicBooks.

Hemiö T. Salonen M. 1999. *Virtual Reality: Human Interface to Product Data.* CEC99.

Henig, and Peter D. 2000. *Revenge of the bricks.*

IAI. 1998. *Defining a Universal Language for Collaborative Work in the Building Industry.*

Ibbs C. W. Kwak Y. 1997. *The benefits of Project Management Financial and Organizational Rewards to Corporations,* Project Management Institute Educational Foundation.

Ikeda M. Sekihara y. Hoh N. 1996. *Construction Planning System for High-Rise Buildings using an Object-based Method.* CIB 96 Slovenia: CIB.

International Alliance For Interoperability. 2000. *"AECXML Mission Statement."* Web page. Available at http://www.iaina.org/domains/aecxrnl.html

Jamieson 1. 1997. *Development of a construction process protocol to promote a concurrent Engineering Environment within the Irish Construction Industry.* Concurrent Engineering in construction London: Institution of Structural Engineers.

Jayaratna. 1994. *Understanding and evaluating methodologies.* McGraw-Hill.

Kahkonen K Huovila P. 1999. *Setting up efficient design process management for the construction and engineering projects.*

Kalakota Ravi. 1999. *E-Business, roadmap for success.* Addison Wiseley.

Kamara J M, Anumba C J Evbuomwan NF 0.1997. *Consideration for the effective implementation of concurrent engineering in construction.* Concurrent Engineering in construction London: Institution of Structural Engineers.

Kangari R. Sadri S. 1996. *Building Construction Primary Tasks Model.* Slovenia.

Karstila K Bj6rk B. 1999. *Models for the Construction Process - The MoPo-project.* CEC99.

Kazi A. S. Hannus M.Charoenngam C. 1999. *An Exploration of Knowledge Management for Construction.* CEC99.

Koskela L. 2000. *An exploration towards a production theory and its application to construction.* Espoo: VTT Publications.

Koskela L Huovila P. 1997. *On foundations of Concurrent Engineering.* Concurrent Engineering in Construction The Institution of Structural Engineers.

KPMG, CICA. 1997. *Building on IT for Quality.* HMSO.

Laitinen J. 1999. *Model based Construction Process Management.* Durability of Building Material and Components National Research Council Canada.

159

Lars L. 1997. *Virtual Engineering Teams: Strategy and Implementation.* ITCON.

Latham. 1994. *Constructing the Team,* HMSO.

Leclaire Davidson. 1993. *Implantation de l'échange électronique de documents informatisés dans l'industrie de la construction.* Montréal: Cibât.

Lindfors C. 2001. *"Value Chain Management in Construction: Controlling the House building process."* Royal Institute of technology.

Los R Storer G. 1997. *Taking Control of the Building Process.* Concurrent Engineering in construction London.

Lottaz C. Stouffs R. Smith 1. 2000. *Increasing understanding during collaboration through advanced representations.*

Love P. and Guna sekaran A. 1997. *Concurrent Engineering in the Construction Industry.*Concurrent Engineering: Research and Applications 5, no. 2: 155-61.

M. Bresnen. 1990. *Organising Construction, Project organisation and matrix Management.* London: Routledge.

M. S. Puddicombe. 1997. *Designers and Contractors: Impediments to Integration.* Journal of Construction Engineering and Management 123, no. 3: 245-52.

Mangini. M. Sparacello H.M. 1999. *A Concurrent Engineering Approach to Geotechnical Design and Construction.* CEC 99.

McDonagh. 1995. "Foreword" in brandon and Betts (1995).

McHugh P. et al. 1995. *Beyond Business Process Reengineering: Toward the Holonic Enterprise.* John Wileys and Sons.

Miles, R. E. and Snow C. C. 1992. *California Management Review,* no. Summer.

Morris P. 1981. *Managing Project Interfaces: Key point for Project Success.* Englewood Cliffs: Prentice Hall.

National Institute of Standards &Technology, Institute of Defense Analysis 1989-1990.

Nicolini D. Holti R. Srnalley M. 1999. *Organising for Concurrent Engineering: The Theory and Practice of Managing the Supply Chain through Clusters .* CEC99.

O Callagham, R. 1995. *EDI in Procurement and Flexibility Strategies - The case ofAlca te!.* Wiley & Sons.

Pallot M et all. 1999. *CE-NET: The initiative towards the Concurrent Enterprise Foundation.* CEC99Espoo: CIE VIT.

Pallot Marc Sandoval Victor. 1998. *Concurrent Enterprising: Toward the concurrent Enterprise in The Era of the Internet and Electronic Commerce.* Boston: Kluwer Academic Publishers.

PMI Standard Committee. 1996. *A guide to the Project Management Body Of Knowledge.* Project Management Institute.

Porter M Miller VM. 1985. *How information gives you competitive advantage. 149-60.*

Powell, W. W. 1990. *Neither market nor Hierarchy: Network Forms of Organization*. 295-336. Greenwich, Conn.: JAI Press.

Prasad B. 1996. *Concurrent Engineering Fundamentals: Integrated Product and Process Organization*. Uppper Sadle River: Prentice Hall.

Pudicombe M. S. 1997. *Designers and Contractors: Impediments to Integration*. 245-52. ASCE.

Rankin J.H. Froese T.M. Waugh L.M. 1999. *Exploring the application of case-based reasoning to computer-assisted construction planning*. Durability of Building Material and Components National Research Council Canada.

Rezgui et all. 1996. *An Integrated Framework for Evolving Construction Models*. Slovenia.

Rezgui Y Cooper G Brandon P. 1999. *ITsupport for the design process in a multiactors environment*. Concurrent Engineering in construction Espoo: CIE.

Rivard, H. 2000. *A survey of the impact of information technology on the Canadian construction industry* ITcon.

Rogerson, J., and J. Morris. 1999. *Improving Construction: the Manufacturing Paradigm*. Cranfield University: Institution of Civil Engineers.

Sako, M. 1992. *Prices, Quality and Trust: Inter-Firm Relations in Britain and Japan*. Cambridge University Press.

Sanvido, V. E., and D. J. Medeiros. 1990. *Applying Computer-Integrated-manufacturing Concepts to Construction*. 365-79. ASCE.

Scherer, R. J., and R. J. Gonçalves. 1997. *Stimulating Concurrent Engineering in construction –The EAPM aims and motivations*. Concurrent Engineering in construction London: Institution of Structural Engineers.

Seren, K. J. 1997. *Management of requirements in a building construction CE Environment*. Concurrent Engineering in construction London: Institution of Structural Engineers.

Skelton, L., and P. Morris. 1998. *Creative Project Delivery Methods*. P29th Annual Project Management Institute Seminars PMI.

Sobolewski, W., and J. Erkes. 1995. *CAMnet: Architecture and applications*.

Staub, S., and M. Fischer. 1999. *Sharing 3d models between designers, general contractors, and subcontractors*. National Research Council.

Storer, G., and 1. Masat. 1999. *Time Compression - Construction Process supported by Appropriate IT*. CEC 99.

Sun, M., and G. Aouad. 1999. *Control Mechanism for Information Sharing in an Integrated Construction Environment*. Concurrent Engineering and Construction.

Syan, S. C. 1997. *Concurrent Engineering: Key issues in implementation and practice*. Concurrent engineering in construction London: Institution of Structural Engineers.

Tapscott, D., D. Ticoll, and A. Lowy. 1999. *Rise of the Business Web*. 198-208.

161

Teicholz, P., and M. Fischer. 1994. *Strategy for Integrated Construction Technology.* Journal of Construction Engineering and Management 120, no. 1: 117-31.

Toms, P. 1996. *Specification-Oriented Processing: Integrating and Sustaining What?* Slovenia.

Tookey, 1. E., and J. Betts. 1999. *Concurrent Engineering issues in the Aerospace Industry-Lessons to be learned for Construction.* CEC99.

Turz, Z. 1999. *Communications Technologies in construction.* Icon.

Turz, Z. 1997. *Conceptual Modelling or Concurrent Engineering Environment.* Concurrent Engineering in construction London: Institution of Structural Engineers.

Turz, Z. 1999. *Constraints of product modelling Approach to Building.* Durability of Building Materials & Components Ottawa: National Research Council Canada.

Turz, Z., and Lundgren. 1999. *Communication Workflow Perspective on Engineering Work.*Concurrent Engineering in Construction.

Unisys. 1996. *The construction industry in Europe. A study of Information Management Systems.*Unisys Ltd.

Vanier, D. J., M. A. Lacasse, and A. Parsons. 1999. *Modeling of User Requirements using Product Modeling.* Durability of Building Materials & Components National Research Council Canada.

Venkatraman, N. 1991. *In The Corporation of the 1990s.* New York USA: Oxford University Press.

Venkatraman, N. 1994. *IT-Enabled Business Transformation: From Automation to Business Scope Redefinition.*

Vrijhoef, R., and L. Koskela. 1999. *Roles of supply chain management in construction.* 7th Conference of the International Group for Lean Construction University of California.Berkeley.

Ward, J., and P. Griffiths. 1996. *Strategic Planning for Information Systems.* Chichester,England:John Wiley & Sons.

Wesek, J., V. Cottrez, and P. Landler. 2000. *A Benefits Analysis of Online project Collaboration Tools within the Architecture, Engineering and Construction Industry,* Pricewaterhouse Coopers.

Whitelaw, J. 1996. *World Ambitions: Leading Edge Procurement and Project Management takes BAA to the* 21 *Century. 18-23.*

Wilson, B. 1990. *Systems: concepts, methodologies and applications.* Chichester: Wiley.

1988. The role of Concurrent Engineering in Weapons Systems Acquisition, Winner. IDA Report R338.Institute of Defense Analyses, Alexandria, VA.

Woestenenk, K. 1999. *The LexiCon .* CEC99.

Wood III, W., and A. Agogino. 1994. *A Cased-based Conceptual Design Information Server for Concurrent Engineering. "* U.C. Berkeley.

Yates, J. K, and A. D. Eskander. 1997. *Construction Preplanning Delays. PMI 28th Symposium* Chicago : PMI.

Zabelle, T. R., and M. A. Fischer. 1999. *Delivering Value Through the Use of Three Dimensional Computer Modeling.* CEC99.

Zahran, S. 1997. *Software Process Improvement, Practical Guidelines for Business Success.* AddisonWesley SEI Series in Software Engineering.

Zarli, A., and O. Richaud. 1999. *Requirements and Technology Integration for IT-Based Business oriented Frameworks in Building and Construction.* ITcon.

www.ingramcontent.com/pod-product-compliance
Lightning Source LLC
Chambersburg PA
CBHW021053210326
41598CB00016B/1197